Eine Tragikomödie
von Michalis Avramidis

Literaturfassung

Der Austausch von Gedanken ist die geistige Befruchtung der Inspiration. Ein Dank an meinen Freund, Dr. Thomas Weis.

In Liebe zur geistigen Entwicklung meinem Sohn Ionas Avraam gewidmet.

Concordia domi, foris pax

# Michalis Avramidis

# MÄNNERABEND

## ErfolgReich muss Man(n) sein!

### Eine Tragikomödie

Herstellung und Verlag:
Books on Demand GmbH, Norderstedt

## Bibliografische Information
## der Deutschen Nationalbibliothek:

Die Deutsche Nationalbibliothek verzeichnet diese Publikation in der
deutschen Nationalbibliografie; Detaillierte bibliografische Daten sind im
Internet über:

http://dnb.d-nb.de abrufbar.

Kontakt:

Schriftstellerei@web.de

www.michalis-avramidis.bodautor.de

**ISBN: 9783839106945**

9 783839 106945

„Das Leben ist eine
Tragödie für die, die fühlen,
und eine Komödie für die,
die denken."

Jean de La Bruyére 1645-1696.
Französischer Dichter, Schriftsteller,
Humanist und Ethiker.

„Nehmen Sie einem
Durchschnittsmenschen
die Lebenslüge,
und Sie nehmen
ihm zur gleichen Zeit
das Glück."

Henrik Ibsen (1828-1906).
Norwegischer Schriftsteller, Dramatiker, Dichter,
Gesellschaftskritiker

**„Das Glück findet man nicht
im Golde und im Besitz,
das Glücksgefühl ist
in der Seele zu Hause"**

Demokritos 460 v.Chr.-371 v. Chr.
Griechischer Naturphilosoph, Mathematiker, Astronom,
Begründer der Atomtheorie.

**Viele Menschen wissen, dass sie
unglücklich sind. Aber noch mehr
Menschen wissen nicht, dass sie
glücklich sind ...
Die größte Entscheidung deines Lebens liegt darin, dass du dein Leben
ändern kannst, indem du deine
Geisteshaltung änderst."**

Albert Schweitzer (1875-1965).
Deutscher Philosoph, Humanist, Ethiker,
Theologe, Mediziner.

„Wenn die meisten sich schon armseliger Kleider und Möbel schämen, wie viel mehr sollten wir uns da erst armseliger Ideen und Weltanschauungen schämen ... Der Horizont vieler Menschen ist ein Kreis mit dem Radius Null, und das nennen sie ihren Standpunkt ...Der wahre Wert eines Menschen ist in erster Linie dadurch bestimmt, in welchem Grad und in welchen Sinn er zur Befreiung vom EGO gelangen ist ... Ein Leben, das vor allem auf die Erfüllung persönlicher Bedürfnisse ausgerichtet ist, führt früher oder später zur bitteren Enttäuschung."

Albert Einstein (1879-1955).
Deutscher Pazifist, Träger des Physiknobelpreises,
Humanist und Ethiker.

Versuche nicht ein erfolgreicher, sondern ein wertvoller Mensch zu werden ... Die banalen Ziele menschlichen Strebens: Besitz, äußerer Erfolg, Luxus, erschienen mir seit meinen jungen Jahren verächtlich ... Als das eigentlich Wertvolle im menschlichen Getriebe empfinde ich nicht den Staat, sondern das schöpferische und mitfühlende Individuum, die Persönlichkeit. Sie alleine schafft das Edle und Sublime, während die Herde als solches stumpf im Fühlen bleibt.

Albert Einstein (1879-1955).
Deutscher Pazifist, Träger des Physiknobelpreises,
Humanist und Ethiker.

„Eine Theaterdichtung
für die Schublade. Vielleicht
für Jedermann, vielleicht für
Niemanden ...

**Figuren**

Dr. Peter Schlaumann: Wirtschaftsrechtler und erfolgreicher Börsenspekulant.

Dr. Steffen Gottmann: plastischer Chirurg und erfolgreicher Single.

Max Hauer: Gelegenheitstaxifahrer, arbeitsloser Schauspieler, Philosoph.

Andy: Barmann in der Bar, in der das Stück spielt.

Eleonora Schlaumann: verwöhnte Gattin von Dr. Peter Schlaumann.

Gaby Decker: Affäre von Dr. Steffen Gottmann.

Natalie, junger Mann, Stimme.

**Handlung**

Drei Männer, drei Freunde allesamt erfolgreich und wohlhabend. Naja, fast alle!

Schlaumann ist erfolgreicher Börsenspekulant, verheiratet mit Eleonora eine äußerlich attraktive Frau, nicht sehr mit Intelligenz ausgestattet, dafür mit neuen Brüsten, die Schlaumanns Freund der plastische Chirurg Gottmann implantierte.

Die drei Freunde eigentlich nicht sehr gleich jedoch schaffen sie ein gewisses Gleichgewicht in ihren Auseinandersetzungen. Sie treffen sich gewohnheitsgemäß zum Männerabend bei Schlaumann, da seine Frau Eleonora mit einer der vielen Freundinnen von Gottmann dort einen Frauenabend abhalten, müssen die Männer in eine Kneipe ausweichen. Der arbeitslose Philosoph und Schauspieler, der seinen bescheidenen Lebensunterhalt als Gelegenheitstaxifahrer bestreitet, passt eigentlich nicht in das Konzept der erfolgsverwöhnten Freunde, das sie sich jedoch seit der Schulzeit kennen, besteht eine gewisse Bindung aus Hass und Liebe.

In einer, zunehmend durch Alkohol geprägten, Diskussion, stellt sich Dr. Peter Schlaumann als allwissend dar. Eine Überspielung seiner devoten Eherolle. Menschlichkeit scheint kein Attribut des erfolgsverwöhnten Börsenspekulanten zu sein. Der erfolglose Schauspieler und Taxifahrer Max Hauer hingegen bringt jene Menschlichkeit in die Diskussion, die seinem Freund im Leben fehlt. Dr. Gottmanns Augenmerk fokussiert sich allein auf das äußere Leben, das er mit seinen Geliebten in vollen Zügen genießt. Jeder lacht über den Anderen. Wer zum Schluss lacht, lacht bekanntlich am besten. Doch lacht hier jemand zum Schluss?

Oder hören wir zum Schluss tief in uns selbst hinein?

Eine satirische Darstellung einer Gesellschaft die sich stets versucht selbst darzustellen!

### 1. Akt, 1. Bild, 1. Szene

*Dr. Peter Schlaumann trifft als Erstes in der Kneipe, in der die drei Freunde verabredet sind, ein. Schlaumann ist ab und an, nach einem erfolgreichen Arbeitstag auf einen Feierabend - Whisky hier gewesen.*

**Peter:**
Hallo Andy, altes Haus! *(Für sich)* altes Scheißhaus.

**Barmann:**
Hallo Peter! Was darf´s sein? Wie immer? ein Whisky?

**Peter:**
Nein.

**Barmann:**
Nein?! Was soll´s denn werden?

**Peter:**
Nein, ich meine, ja! Es soll heute unser Männerabend werden. Ich habe heute unseren Männerabend zu dir verlegt.

**Barmann:**
Sehr schön, wieso gerade heute?

**Peter:**
Meine Frau und ihre Freundinnen machen heute bei mir zu Hause einen Kosmetikabend.

**Barmann:**
Einen Kosmetikabend? Und du machst deinen Männerabend! Was ist ein Kosmetikabend? Peter

**Peter:**
Eine alte Kosmetiktante, eine junggebliebene Alte sozusagen, führt die neuesten Errungenschaften, die zu mehr Schönheit und mehr Erfolg führen, vor. Den Whisky bestelle ich, wenn meine zwei Freunde kommen.

**Barmann:**
Okay! Wer kommt denn noch, zu deinem Männerabend?

**Peter:**
Steffen und Max, zwei Freunde.

**Barmann:**
Sind es langjährige Freundschaften?

**Peter:**
Sozusagen! Wir kennen uns seit dem Kindergarten. Wir haben zusammen die Schule besucht, wir haben zusammen das Abitur gemacht, nun der übliche Verlauf einer Freundschaft.

**Barmann:**
Steffen und Max? Kenn ich nicht!

**Peter:**
Doktor Steffen Gottmann. Er ist ein erfolgreicher Arzt, ja sozusagen eine Art alter Medicus.
Und Max Hauer. Er ist sozusagen eine Art Arthur Schopenhauer. Ein Philosoph und Schauspieler vertritt den Idealismus. Naja, du weißt ja, Platon und so ein Quatsch.

**Barmann:**
Oh, schön, Schauspieler. Und, bekannt?

**Peter:**
Ja, ich meine nein, nicht so bekannt! *(Für sich)*
Ein arbeitsloser Schauspieler.

**Barmann:**
Und du, Peter, mit was verdienst du eigentlich dein Geld? Das hast du noch nie erwähnt.

**Peter:**
Eine Art Jurist, sozusagen.

**Barmann:**
Interessant! Richter?

**Peter:**

Richter?! Nein! Ich würde doch nicht über Menschen richten. *(Für sich)* Mit siebentausend Euro im Monat kann man doch sein Leben nicht einrichten.

**Barmann:**

Staatsanwalt?

**Peter:**

Staatsanwalt?! Nein! Ich kann doch keine Menschen anklagen. *(Für sich)* Mit fünftausend Euro Gehalt im Monat kann man ja nur noch klagen.

**Barmann:**

Rechtsanwalt?

**Peter:**

Rechtsanwalt?! Nein! Kleine Fische liegen mir nicht. *(Für sich)* Recht habe ich immer.

**Barmann:**

Ja was denn dann? Mach es doch nicht so spannend.

**Peter:**

Wirtschaftsjurist, Doktor Peter Schlaumann, Doktor des Wirtschaftsrechtes. So viel Zeit muss sein, sage ich immer da draußen.

*(Lacht und schmunzelt arrogant).*

**Barmann:**

Aha, interessant. Bestimmt erfolgreich? Stimmt´s!

**Peter:**

Erfolgreich?! Ja, ja, recht erfolgreich.

*(Für sich)* ER FOLG(T) REICH der Reichtum.

**Barmann:**

Aha, Wirtschaftsrechtler, Hmmm! Was ist denn das, Peter, Wirtschaftsrechtler?

**Peter:**

Das ist, mein lieber Andy, nun ja, auf der einen Seite gibt es die Rechtler. Sie wissen, wie man zu Recht kommt. Ein interessantes Fachgebiet. Auf der anderen Seite, mein lieber Andy, gibt es die Wirtschaftler. Sie wissen, wie man zu viel Geld kommt. Nun, an dieser Stelle muss man den Materialismus und die Evolution betrachten, denn die Vollendung der beruflichen Evolution ist der Wirtschaftsrechtler: denn er weiß, wie man zu recht- viel-Geld kommt! Ein sehr, sehr, interessantes Fachgebiet *(für sich)* finanziell interessant! *(Für sich)* Ja, wir sind sozusagen die Leonardo Di Vancis der Wissenschaften und der Kunst des 21. Jahrhunderts.

Märkte analysieren, globale Güterverknappung feststellen. Sind die Güter nicht knapp genug, Falschmeldungen streuen, ohne dass es jemanden auffällt, alles in eine rechtliche Grauzone verlagern und satte Profite, wie Profis einkassieren! Ja, die Kunst der Täuschung anwenden, die Täuschung vertuschen und sich rechtlich unantastbar machen. Ja, Kunst und Wissenschaft. Ja, die Leonardo Di Vancis, ja, die modernen Genies. Hmmm, ja, das gefällt mir! *(Selbstgefällig) (zum Barmann)* Ja, wir sind die Leonardos Di Vancis, die modernen Genies.

**Barmann:**

*(Korrigierend)* Peter, du meins wohl die Leonardo da Vincis?

**Peter:**

*(Zornig)* Habe ich doch gesagt, du musst besser hinhören *(formt mit Handflächen Ohren)* nicht zuhören, Andy! *(Hält sich dabei theatralisch die Ohren zu)*.

*Dr. Steffen Gottmann betritt die Kneipe. Der Barmann macht Peter Schlaumann darauf aufmerksam.*

**Barmann:**

Kommt da der Zweite zum Männerabend?

**Peter:**

*(Dreht sich um zur Tür und ruft)* Steffen Gottmann, alter Götterfunken, hier bin ich, komm her!

**Barmann:**

Ah, der Schauspieler!

**Steffen:**

Schauspieler?! Nein, ich bin kein Künstler.

**Peter:**

*(Zu Steffen)* Aber doch, natürlich bist du ein Künstler. *(Zum Barmann)* Ein Topmann, dieser Gottmann.

**Steffen:**

Künstler?! Wieso denn Künstler?

**Peter:**

Na, du bist doch Doktor der Heilkunst, sogar ein besonderer Künstler, ein plastischer Künstler.

**Barmann:**

Ach so, der Gott in Weiß!

**Steffen:**

*(Zum Barmann)* Habe die Ehre, Doktor Steffen Gottmann, Arzt, Chirurg, plastischer Chirurg.

**Barmann:**

Hallo, freut mich. Andy, Barmann, Wirt, Gastwirt.

**Peter:**

Ja, haha … *(lacht)*, aus wem nichts wird, wird Gastwirt und ist das auch misslungen versucht man´s mit Versicherungen. *(Sieht zu Steffen)* Gott?! Gott ist gut. Schöpfer der Schönheit, plastischer Künstler der Heilkunst. Durch die Schöpfung der Schönheit zum

Seelenheil. Ja, der Gott Asklepios, Gott der Heilkunst. Eine Mischung aus Hippokrates und genialem Steinmetz. Ebenfalls eine parallele Vollendung der beruflichen Evolution.

**Barmann:**
Und, erfolgreich?

**Steffen:**
Jetzt ja!

**Barmann:**
Vorher nicht?

**Steffen:**
Jetzt, wo ich im Ruhestand bin, schon.

**Barmann:**
Ruhestand in diesen jungen Jahren? Du bist doch um die vierzig, wenn du nicht selbst an dir herumgeschnippelt hast.

**Steffen:**
Nun ja, ich bin in Ruhestand gegangen und habe nun eine Privatpraxis der plastischen Chirurgie. Vorher als niedergelassener Kassenarzt war nichts mehr verdient. Gesundheitsreform und solche Dinge.

**Barmann:**
Wie? So schlimm? Du hast nichts mehr verdient?

**Steffen:**
Nun ja, fast nichts mehr!
*(Für sich)* Wenn man ganze 30.000 Kröten im Jahr weniger verdient, spürt man das schon. *(Schaut verlegen).*

**Barmann:**
Du musstest also deine Praxis schließen, weil du fast nichts mehr verdientest!

**Peter:**
In der psychopathologischen Forschung sezierte man das Hirn eines Arztes, um es besser zu verstehen.

**Steffen:**
Was? Ja und?

**Peter:**
Sie machten eine evolutionäre Entdeckung.

**Barmann:**
Und welche?

**Peter:**
Zwischen dem Stirnlappen, der für das Glücksgefühl zuständig ist und dem Schläfenlappen, der für die Einheitserfahrung zuständig ist, entdeckten sie den Jammerlappen.

**Steffen:**
Herrgott, man studiert doch deswegen, damit man eben viel verdient! Gott gab uns allen ein Talent, damit wir es uns bezahlen lassen.

**Peter:**
Das stimmt, mein Freund, ein Talent muss sich bezahlt machen. Man besitzt auch nicht die Blaue Mauritius, um sie mit der Post zu verschicken. Aber der Ruhestand, haha, das hört sich bei dir passend an. Ein Ständer im Stand-by, aber nicht im Ruhestand. Ich kenne dich doch, mein Freund. Erst die jungen Dinger aufmöbeln und dann nageln … haha … *(grinst und lacht arrogant)* tzzz … von wegen „Ruheständ(l)er".

**Barmann:**
*(Zu Steffen)* Noch nicht verheiratet?

**Peter:**
*(Antwortet für Steffen)* Der, nein, der ist noch ledig, somit noch nicht erledigt.

**Barmann:**
Willst du damit sagen: Wer ledig ist, ist noch nicht erledigt, und wer nicht mehr ledig ist, ist erledigt?

**Peter:**
Richtig, mein Freund, eine sehr kluge Schlussfolgerung. Von mir kannst du noch viel lernen.

**Barmann:**
Peter?

**Peter:**
Andy?

**Barmann:**
Peter, aber du bist doch nicht mehr ledig, dann bist du also erledigt!

**Peter:**
Quatsch! Bei mir ist das etwas ganz anderes. Ich, ich habe mein Weib im Griff, gut erzogen sozusagen. *(Für sich)* Ich bin doch kein Waschlappen.

**Barmann:**
Wieso Waschlappen …

**Peter:**
… ach schau doch die Männer an, die lassen sich von ihren Frauen auswringen und wie einen alten Waschlappen an den Hacken hängen.

**Barmann:**
Peter …

**Peter:**
… Andy?

**Barmann:**
Peter, von dir kann man wirklich noch viel lernen, was Frauen wert sind.

**Peter:**
Von meiner juristischen Seite kann ich sehr wohl beurteilen, wann die Männer den Wert einer Frau erkennen ...

**Steffen:**
… Den Wert einer Frau erkennen die Männer, wenn ich ihnen die Falten mit einem Nervengift weggespritzt habe und die Körbchengröße von A in Körbchengröße C verzaubert habe. Schönheitswachstum oder Schönheitsmehrung nennt man diesen Wert!

**Peter:**
Falsch! Dadurch spürt der Mann, dass es einen Vermögensschwund gab, was bei dir natürlich eine Vermögensmehrung ist.

**Barmann:**
Und wann erkennt der Mann den Wert einer Frau, Peter?

**Peter:**
Was eine Frau wert ist, merken die Männer erst, wenn sie die ersten Alimente zahlen, dann spüren sie es! Das sagt der Jurist in mir. *(Reibt dabei seinen Zeigefinger und Daumen).*

**Steffen:**
Darum bin ich noch nicht erledigt und genieße mein Leben und verschöner die Welt durch meine Zauberhände.

**Peter:**
Richtig! Und mit deiner Zauberflöte, du Mozart, du.

**Steffen:**
Wo bleibt denn der Max?

**Peter:**
Nein, Herrgott. Dieser alte Versager kommt doch immer zu spät. Ist doch kein Wunder, dass aus ihm nichts wird.

**Steffen:**
Das Verlässlichste an ihm ist seine Unverlässlichkeit.
**Peter:**
Wenn ich ihn nicht so lange kennen würde, hätte ich ihm schon längst den Laufpass gegeben.

*Max Hauer betritt die Kneipe. Barmann macht Peter Schlaumann darauf aufmerksam.*

**Peter:**
Hallo Max, du alter Schopenhauer.
**Steffen:**
Hallo Max, alter Philosophen - Hauer.
**Max:**
Hallo, Peter, du Advocatus, Hallo, Steffen, alter Medicus, *(zum Barmann)* Hallo, Hauer, Max Hauer.
**Barmann:**
Hallo, Andy, der Barmann.
**Steffen:**
*(Arrogant)* Max, du alter Haudegen, du bist schon wieder zu spät.
**Barmann:**
*(Lustig)* Ist doch nicht tragisch, ihr wollt doch nur einen heben.
**Peter:**
*(Arrogant mit erhobenem Zeigefinger)* Was für eine Ausrede hast du denn heute wieder für dein Zuspätkommen?
**Max:**
Keine.
**Steffen:**
*(Arrogant abwertend)* Sehr innovationslos, Max!

**Peter:**
*(Zynisch abwertend)* Macht erfolglos, ergibt arbeitslos.
*(Für sich)* Das ist eine Unkreativität, Schauspieler, tzzz
**Max:**
*(Einfallsreich)* Zeitdilatation …
**Steffen:**
Was? *(Erstaunt)*
**Peter:**
… Ist das? *(Fassungslos)*
**Max:**
Mit Einsteins Relativitätstheorie ist alles erklärbar.
*(Fantasievoll)*
**Barmann:**
Wie bitte? *(Überrascht)*
**Peter:**
*(Für sich)* Ein kleiner Einstein, tzzz … *(genervt)*
**Max:**
*(Schlagfertig)* Bewegte Uhren gehen langsamer, das ist
die Zeitdilation.
**Steffen:**
Was willst du damit sagen?
**Max:**
*(Geistreich)* Für einen Betrachter in einem bewegten
System vergeht die Zeit langsamer als für einen
Beobachter in einem unbewegten System. Da ihr im
System des Wartens ausharrt, vergeht für euch die Zeit
schneller. Somit ist es relativ egal, dass ich nach eurer
Wahrnehmung zu spät bin. Somit ist Zeit reine
Privatsache.
**Steffen:**
Reine was?

**Max:**
Reine Privatsache. Denn wenn Beobachter in unter-
schiedlichen Geschwindigkeiten dieselbe Sache beobachten, in unserem Fall, meine Ankunft, dann vergeht
denen im ruhenden System die Zeit wie in Zeitlupe. Für
den Beobachtern im bewegtem System, also für mich,
der sich abhetzt, vergeht dagegen die Zeit wie im Flug.
Ergo muss man doch daraus folgern, auch ohne Physiker
zu sein, dass Zeit reine Privatsache ist, die individuell
erlebt wird, wie …

**Peter:**
… Wie was? …

**Max:**
*(Schlagfertig)* … Wie auch der Orgasmus, Peter!

**Peter:**
Wie der Orgasmus? …

**Max:**
Frage mal deine Frau, Peter, wie sie ihren Orgasmus und
die Zeit dabei erlebt!

**Peter:**
*(Für sich zornig)* Klugscheißer! *(Zu Max triumphierend
und sarkastisch)* Und, Max, du alte Hütte, hast Du wieder
einen Job?

**Max:**
Ja.

**Steffen:**
Ach nein, erzähl schon. *(Überrascht)*

**Peter:**
Beim Film? *(Ungläubig)*

**Max:**
Nein! In der menschenverachtenden Unterhaltungsindustrie? Nein, ist nichts für mich.

**Steffen:**
In der Werbung? *(Ratend)*
**Max:**
Werbung? Nein! Werbung für einen übersättigten Markt, in der der Mensch nur bloße Materie ist? Etwa für eine Partnervermittlung? *(Theatralisch nachahmend)* „Rufen Sie diese Nummer an, und rasch können Sie Ihren schnarchenden Partner austauschen". *(Begreifend)* Das Stück Fleisch, die Materie. Glück entsteht durch Konsum, und mehr Konsum macht glücklicher. Die Quoten steigen, und das Geld, das der Konsument längst nicht mehr besitzt, macht die Medienmacher reich und die Banken, von denen der Konsument das Geld leiht, noch reicher. *(Mahnend)* Früher haben die Medien durch Informationsvorenthaltung die Menschen dumm gehalten, und heute macht die menschenverachtende Unterhaltungsindustrie die Menschen dumm, durch eine einfältige Informationsüberflutung. *(Erkennend)* Nein, nichts für mich!
**Peter:**
*(Ungeduldig)* Im Theater?
**Max:**
Nein! Das gesamte Leben ist ein Theater, vom Anfang bis zum Ende, vom Prolog bis zum Epilog.
**Steffen:**
Ja, was dann? *(Erstaunt)*
**Max:**
Taxifahrer!
**Peter:**
Was? *(Laut)*
**Steffen:**
Taxifahrer?

**Max:**
Ja, was ist denn daran so außergewöhnlich?
**Peter:**
Wie hieß noch gleich dieser griechische Philosoph, der in der Tonne lebte?
**Max:**
Diogenes, warum?
**Peter:**
Hahaha … *(abwertend arrogant und selbstverliebt)* Früher waren die Philosophen in der Tonne und philosophierten, und heute sitzen sie im Taxi und philosophieren. Hahahah … sag mal, dieser Diogenes, war das nicht der Philosoph, der auf dem Athener Marktplatz sein Piepan auspackte, um zu onanieren? Das war ja ein komischer Vogel, haha ...
**Max:**
Ja, das hat er getan und sagte zu den reichen Menschen, die ihn beschimpften: *(eindringlich)* „Wenn das Hungergefühl doch auch nur verschwinden könnte, wenn man sich den Bauch reibt." *(reibt sich theatralisch den Bauch dabei)*
**Steffen:**
Was willst du denn damit sagen? *(Betroffen)*
**Max:**
*(Unschuldig)* Nichts, Peter fragte doch nur.
**Peter:**
*(Scharfzüngig)* Ach so, Peter fragte nur!
**Max:**
Er stand auch auf dem Marktplatz und rief:
„Menschen, eilt schnell herbei".
**Steffen:**
*(Neugierig)* Und weshalb das?

**Max:**

Damit er sie wieder verscheuchen konnte, als sie in Sensationslust herbeieilten, indem er sie anschrie: „Menschen habe ich gerufen".

**Peter:**

*(Für sich mit aufsteigendem Zorn)* Oh, ein Menschenkenner. *(Zu Max scheinheilig lächelnd)* Was willst du denn damit sagen?

**Max:**

Nichts. *(Unschuldig)*

**Barmann:**

Hahaha … das ist gut, was hat der schlaue Fuchs sonst noch getan?

**Max:**

Im Übrigen ist Diogenes bei Tag und Nacht mit einer Öllampe herumgelaufen.

**Peter:**

Und warum das? *(Gespielt gelangweilt, im Unterton Neugierde)*

**Max:**

Weil er Angst hatte.

**Steffen:**

Vor was denn?

**Peter:**

*(Hochnäsig)* Ein kleiner Angsthase, dieser Philosophen - Vogel, hahaha …

**Max:**

*(Scharfzüngig)* davor, dass er den wahren Menschen übersehen könnte, sofern er ihm jemals begegnen sollte.

**Steffen:**

*(Betroffen)* Was willst du denn damit wieder sagen?

**Max:**

Nichts, Steffen. Andy fragte doch nur.

**Peter:**

*(Getroffen und aggressiv)* Also hör mal, dass du nichts Richtiges gelernt hast und erfolglos bist, dafür können wir auch nichts. *(Ablenkend)* Nun lass mal deine zynischen Bemerkungen.

**Max:**

Was heißt nichts Richtiges gelernt haben?
Ich habe das Handwerk erlernt, welches die Menschen ohnehin schon tun, ohne es gelernt zu haben.

**Peter:**

Wie meinst du denn das schon wieder? *(Genervt)*

**Max:**

Die gesamte Welt besteht aus Schauspielern.

**Peter:**

*(Ironisch)* Ach, was du nicht sagst, Herr Sch(l)auspieler. *(Höhnisch)*

**Max:**

Ja, Herr Dr. Schlaumann, die Menschen spielen eine Rolle, die ihnen von der Gesellschaft, vom Beruf oder der Familie aufgezwungen wird. Sie werden einfach in eine Rolle hinein geboren, die oft weit entfernt ist von ihrem eigentlichen Wesen. Die meisten Menschen sind sogar so fest in ihrer Rolle verankert, dass sie sich selbst etwas vorspielen. Ein Theater das Leben lang, vom Prolog der Geburt bis zum Epilog des Sterbens. Genau aus diesem Grund leben wir in einer selbstdarstellerischen, eigenverliebten Gesellschaft.

**Peter:**

Gut erkannt, Herr Schlauspieler, und bei dir ist das wohl ein wenig anders? *(Sarkastisch)*

**Max:**
Nein, ich habe nur erkannt, dass der Dialog des Lebens nur ein Theater ist, in dem sich die Menschen selbst etwas vorspielen. Deshalb habe ich mich entschlossen, den Menschen etwas vorzuspielen, nämlich auf der Bühne.

**Steffen:**
*(Zum Barmann)* Drei Whisky bitte. *(Barmann macht die Whiskys).*

**Peter:**
Also Max, nun lasse dein dummes Geschwätz.

**Max:**
Für dich ist dumm, was nicht klug ist, und was nicht aus deinem Geist entstammt, ist für dich niemals klug, Peter.

**Peter:**
Was heißt hier Geist? Der Geist bildet sich nur aus Gedanken und Gefühlen, er ist nur ein Produkt unseres Gehirns!

**Max:**
Besteht für dich das Sein nur aus Produkten?

**Peter:**
Ja, mein Guter! Lass dich nicht so von deinen Gefühlen lenken, sonst wird dein Gehirn noch unproduktiver als es schon ist.
*(Für sich)* Ein ganz schlauer. *(Zu Max entnervt)* Hör doch auf zu träumen.
*(Barmann stellt drei Whisky Gläser auf die Bar, die sofort getrunken werden).*

**Steffen:**
Noch drei, Andy.

**Max:**
*(Für sich)* Nun denkt er: ein ganz schlauer, mein Name ist nicht Schlaumann. *(Zu Peter)* Sagte nicht Nietzsche: Das größte Unheil wird an jenem Tag über die Menschheit hereinbrechen, an dem die Träumer verschwunden sind.

**Peter:**
*(Für sich)* Ein kleiner Weltverbesserer. *(Zu Max)* Träume sind Schäume, mein Lieber! Beweise erst einmal, dass du Erfolg haben kannst. Das ist wichtig im Leben, Herr Taxiphilosoph.

**Max:**
*(Verträumt)* Wenn jemand träumt, weiß er nicht, dass es ein Traum ist, und in seinem Traum versucht er vielleicht sogar, seinen Traum zu deuten. Erst nachdem er aufgewacht ist, weiß er, dass es ein Traum war. Eines Tages werden wir vielleicht alle erwachen, weil wir erkennen, dass die ganze Welt nur ein großer Traum ist. *(Bedrückt)* Und dennoch denken die, die denken schlau zu sein, sie seien wach; ganz klug und geschäftig. Sie nehmen an, sie verstünden das Wesen der Dinge.
*(Sich selbstfragend)* Aber verstehen sie das Wesen der Dinge wirklich?

**Barmann:**
Bitte *(stellt Whiskys hin)* zum Wohl mit diesem guten Alkohol.

**Peter:**
Nicht noch so ein verkappter Künstler! Du bist wohl ein Dichter.

**Max:**
Wieso noch ein verkappter Künstler? Wer ist denn der andere verkappte Künstler, Peter?

**Peter:**
Ach niemand! *(Gespielt unschuldig)*
**Steffen:**
Jungs, lasst es gut sein. Zum Wohl! Auf unseren Männer-
abend.
**Peter:**
Zum Wohl!
**Max:**
Prosit.
**Steffen:** *(Sehr seriös)* Ach Jungs, lasst euch einen
medizinischen Rat geben: Finger weg vom Alkohol.
*(Belehrend)*

*Alle drei halten das Whiskyglas in der rechten Hand, sie
strecken dabei den kleinen Finger an der Rechten vom
Glas und sagen: „zum Wohl und Finger weg vom
Alkohol."*

**Peter:**
Max, Du hättest einfach etwas Anständiges studieren
sollen!
**Max:**
Peter, was ist denn aus deiner Sichtweise etwas
Anständiges?
**Peter:**
Recht ...
**Max:**
... Recht?
**Peter:**
... dann wüsstest du, wie du zurechtkommst *(reibt dabei
Zeigefinger und Daumen)*.

**Max:**
… Nun, die Philosophie ist die Fragende, aus Fragen resultieren Antworten und aus Antworten resultieren Lösungen, Peter. Ist das unanständig, Peter?

**Peter:**
Nein, nicht direkt. Aber du verdienst ja nichts damit.

**Max:**
Alles, was an der Börse gewonnen wird, hat zuvor jemand anderes verloren. Vielleicht gibt es doch unanständigere Berufe, mit denen man sein Geld verdient, oder sagt man besser sein Geld gewinnt.

**Peter:**
Max, nun lass mal dein kommunistisches Geschwätz sein.

**Max:**
Du teilst die Welt in schwarz und weiß, in links und rechts, in Kommunismus und Kapitalismus. Die Menschen teilst du in erfolgreich und erfolglos …

**Steffen:** … Und heute Abend sind wir blau und sehen die Welt rosarot …

**Peter:**
… Ich habe ja auch Recht!

**Max:**
Zwischen allen Polen gibt es eine Verbindung. Zwischen links und rechts gibt es einen Weg, zwischen Arm und Reich gibt es einen Weg, zwischen Kommunismus und Kapitalismus gibt es einen Weg und diesen Weg sollte man Humanismus nennen. Das ist mehr als nur recht! Das ist die Gerechtigkeit!

**Peter:**
Max, Du hast einfach nicht den rechten Beruf gewählt!

**Max:**

Peter, was ist denn der rechte Beruf?

**Peter:**

Nun ja, in der Wirtschaft eben!

**Max:**

Wirtschaft!? Eine wirtschaftliche Revolution hatten wir schon, worauf ich warte, ist eine wirtschaftliche Evolution. Du redest doch immer von Evolution, Peter.

**Peter:**

Was willst Du denn damit sagen, Max, wirtschaftliche Evolution? *(Skeptisch)*

**Max:**

Nun, Peter, betrachte die Evolution des Menschen. Das Schicksal unserer prähistorischen Ahnen war das Lernen eines Miteinanders, damit die Spezies sich entwickeln konnte. Ein Mensch entdeckte das Feuer. Hätte er es nur für sich nutzbar gemacht, so wäre unsere Spezies ausgestorben. Die restlichen Menschen konnten sich am Feuer wärmen, so wurde es zum gemeinsamen Nutzen.

**Peter:**

Was willst Du denn damit sagen, Max?

**Max:**

Die Wirtschaft trägt eine materialistische Maske, sie benötigt ein menschliches Gesicht.

**Peter:**

Aha, eine Maske?

**Max:**

Ja, eine, emotionslose, eiserne Maske.

**Peter:**

Aha, eine eiserne Maske?

**Max:**

Ja, eine bewegte Masse mit totem Gesicht.

**Peter:**

Aha, mit totem Gesicht? Wie soll das Gesicht denn aussehen, Herr Taxiphilosoph? *(Für sich)* So ein dummer Klugscheißer.

**Max:**

Nun, Peter, heute ist die Wirtschaft unser gemeinsames Schicksal, das wir gemeinsam schultern müssen. Behält sie ihre materialistische Maske, so bleibt der Mensch der Sklave der Wirtschaft und ist ihr ausgeliefert. So entstehen Gewinner und Verlierer, so wird der soziale Friede gefährdet.

**Peter:**

Also jetzt hör mal, du roter Bruder, was heißt: der Wirtschaft als Sklave ausgeliefert zu sein? Unsere Soziale Marktwirtschaft hat keine Fehler.

**Max:**

Ich bin kein roter Bruder, du malst die Welt bunt und siehst sie schwarz - weiß. Unsere Wirtschaft hat nur evolutionäre Genfehler, Peter.

**Peter:**

Was für Genfehler? *(Für sich)* Herr Professor! Kluger Dummscheißer ... ähh, ich meine dummer Klugscheißer.

**Max:**

Die Vorherrschaft des Materiellen sowie die Vorteilnahme des Einzelnem zum Schaden des Ganzen. Denke an das Feuer in der Steinzeit, mein Freund!

**Peter:**

Max, wir haben eine bodenständige Wirtschaft, unsere Wirtschaft steht mit beiden Beinen auf dem Boden, mein Freund! *(Für sich)* So ein Besserwisser!

**Max:**

Richtig Peter! Wille und Intelligenz sind wohl etabliert. Was fehlt, ist das dritte Bein, um dauerhaft Standfestigkeit zu bekommen.

**Peter:**

Ahh, ein ganz Schlauer, und was ist das dritte Bein, Herr Taxiphilosoph?

**Max:**

Die Weisheit, Peter.

**Peter:**

Also Max, ich bitte Dich. Weisheit ist angewandtes Wissen, in der Wirtschaft wird Wissen umgesetzt und generiert hervorragende Umsätze, ergo ist sie die Weisheit. Herr Ökosoph! *(Rechthaberisch, trotzig.)*

**Max:**

Nun Peter, wohl wahr. In der Wirtschaft ist Wissen vorhanden, doch erst der Übergang von Wissen zur Weisheit verleiht der Wirtschaft die Vorsicht und Weitsicht, um zerstörerische Folgen im Keim zu ersticken.

**Peter:**

*(Laut und genervt)* Weisheit!? Zerstörung!? Was für eine Zerstörung, Max? *(Für sich)* So ein bekloppter Pfuscher.

**Max:**

Nun, Peter, die ökologischen Folgen sind absehbar, sie ziehen die ökonomischen Folgen nach sich, und die sozialen Folgen warten auf Aufdeckung.

**Peter:**

Was für soziale Folgen? Herrgott. Ich bekomme noch einen Herzinfarkt! Hörst du? Ich bekomme mit dir noch einen Herzinfarkt!

**Max:**

Die unsichtbaren Fehler, mein Freund.

**Peter:**

Was für unsichtbare Fehler, zum Henker?

**Max:**

Was einmal gut geht, wird in der Wirtschaft als gut gesehen, was lange gut geht, wird für das Gute gehalten. Das ist weder nachhaltig noch weitsichtig.

**Peter:**

Was soll denn dabei schlecht sein? Herr Wirtschaftstheoretiker! *(Für sich)* Der muss ja immer das letzte Wort haben. *(Erschöpft)*

**Max:**

Nun, Peter, dass negative Folgen unsichtbar bleiben, führt zu dem Denken, dass sie ausbleiben. Wo materieller Ehrgeiz das Tun motiviert, werden negative Folgen gerne relativiert. Ethische Werte fehlen in der Praxis, sie dienen als Bilanzausgleich, mein Freund, um Langzeiterfolge zu erzielen.

**Peter:**

Wirtschaftliche Ethik, mein Freund, bedeutet, Gewinne zu generieren, damit das einzelne Wirtschaftssubjekt existieren kann. Du sagtest ja, Wirtschaft ist unser gemeinsames Schicksal.

**Max:**

Richtig, Peter! *(Peter grinst selbstgefällig)* Geld regiert die Welt. Jeden Morgen beten für Moneten. Das ist doch die zerstörerische „Monetik", weit entfernt von weiser Wirtschaftsethik. Doch wo man der Maxime folgt: Profit ist gut, mehr Profit ist besser, dort wird die Tür zur Korruption und zum Werteverfall geöffnet, mein Freund!

**Peter:**
Jetzt verstehe ich *(durchschauend)*. Monetik ... Ethik ...Von wegen Evolution! Eine Revolution möchtest du! Du alter Sozialist, ich verstehe, ein Wirtschaftsphilosoph wie Karl Marx.

**Max:**
Schuldzuweisungen helfen nicht weiter, Peter. Es gilt auch nicht die Wirtschaft zu bekämpfen, es gilt die Unwissenheit in den Menschen zu bekämpfen. Das ist eine gemeinsame Aufgabe, mein Freund, die jeder bei sich selbst zu lösen beginnen sollte. Denn ein junges Wirtschaftssystem, das so oft dem Kollaps nahe war, besitzt unbekannte Genfehler.

**Peter:**
Du roter Bruder, kein Wunder, dass du keine Arbeit findest.

**Max:**
Ich bin kein roter Bruder ...

**Steffen:**
... aber blau sind wir alle ...

**Peter:**
*(Zu Max)* Was willst du denn damit wieder sagen?

**Steffen:**
Das wir einen sitzen haben ...

**Peter:**
Ich meine doch nicht dich, sondern den Max.

**Max:**
Unsere Wirtschaft wird solange nicht funktionieren, solange wir sie polarisieren.

**Peter:**
Ahh ... Polarisieren? Spuk deine Weisheiten aus, König Salomon, der Weise!

**Max:**
Wir leben in einem Wechselspiel gegenseitiger Abhängigkeiten. Das Wohlergehen des einen hängt stets vom Wohlergehen des Anderen ab. Das ist unser Schicksal, das wir gemeinsam schultern sollten.

**Steffen:**
Drei Whisky, Andy, bitte. Mensch Jungs, hört doch auf zu streiten. Wir wollen doch unseren Männerabend abhalten und einen hinter die Kiemen kippen.

**Peter:**
Herrgott, der Max, der alte Marxist hat doch auch keine Ahnung. Der will hier wohl den „Maxismus" oder „Hauerismus" begründen. Du hast recht, Steffen, lass uns einen trinken.

**Max:**
Erfolg tritt niemals durch die Schwächung des anderen ein.

**Peter:**
Ah, durch was denn dann, Herr Erfolgkonstrukteur?

**Max:**
Durch die Stärkung der gemeinsamen Interessen. Man kann auch nicht die Schwachen stärken, indem man die Starken schwächt!

**Peter:**
Erzähl keinen Unsinn Max. Du verstehst nichts von Erfolg!

**Max:**
Freude ist der größte Indikator für Effizienz und die Effizienz ist die Basis für den Erfolg.

**Peter:**
Was?

**Max:**

In einer vernetzten Welt hängt der Erfolg des einen vom Erfolg des anderen ab. So wird aus Wettbewerb Zusammenarbeit und aus Wettstreit wird gemeinsames Teilen.

**Peter:**

Tzzzz …. Der hat doch keine Ahnung! (*Für sich*) Hmm … Zusammenarbeit, Teilen, Schicksalsgemeinschaft!

**Max:**

Sag mal, Peter, warum machen wir denn unseren Männerabend heute nicht bei dir? Wie sonst auch.

**Peter:**

Weiber!

**Max:**

Was heißt Weiber?

**Peter:**

Meine Frau und Steffens neue Flamme machen bei mir zu Hause einen Kosmetikabend.

**Max:**

Aha, einen Kosmetikabend, interessant. Und was ist das, ein Kosmetikabend?

**Peter:**

Da kommt dann eine junggebliebene Alte und zeigt den Weibsen die neuesten Lippenstifte und so einen Mist.

**Max:**

Aha … interessant, und über Lippenstifte kann man ein abendfüllendes Gespräch führen?

**Peter:**

Weibsbilder wohl schon! Zumindest ist dieser Abend billiger als Steffens Botox Partys.

**Steffen:**
Na, dann zum Wohl. Jetzt fang aber nicht mit mir an zu streiten.

**Peter:**
Auf uns!

**Max:**
Na, dann gute Nacht, Lampe, und grüße den Zylinder. Prosit. Heute einen neuen Lippenstift, morgen ein neues Nervengift. Hehehe. *(Für sich)* Meine Lippen nerven dich, sie sind Gift für dich. Meine Lippen wirken wie Botox auf deinen Geist. *(Stoßen an und trinken leer)*

**Barmann:**
Wollt Ihr noch einen trinken oder in Gedanken an Lippenstifte versinken?

**Peter:**
Andy, nun lass mal diese albernen Reime.

**Steffen:**
Nun lass ihn doch, Peter. Rege dich nicht so auf. Arterios Klerosis führt zur Apoplexie oder Herzinfarkt.

**Peter:**
Das sage ich doch die ganze Zeit, ich bekomme noch ein Herzinfarkt.

**Steffen:**
Andy, noch mal drei bitte, zum Arteriendurchspülen.

**Peter:**
Max, außerdem ist das billiger.

**Max:**
Was ist billiger, drei Whiskys?

**Peter:**
Nein! Nun, wenn die Frauen schön sein wollen, ist der Kosmetikabend immer noch billiger, als wenn unser Herr

Doktor Gottmann Milchtüten für 10 Tausend Euro ver-
größert. *(Formt die Brust)*.

**Steffen:**
Ah, Herr Doktor Schlaumann, Sie sind ja ein ganz
Schlauer. Was soll denn das wieder heißen? Wer schön
sein will, der muss zahlen.
Außerdem ist die Schönheit die Ursache, aus der der
Erfolg als Wirkung entspringt. Naja, außer bei Dir, Peter,
da ist was falsch gelaufen, Du bist nicht schön, aber
schön erfolgreich.

**Peter:**
Haha, ein Ärztewitz, ich lach mit tot. Der Reichtum ist
die Ursache, aus der die Schönheit als Wirkung folgt.
Meine Frau folgt mir auf jeden Fall.

**Steffen:**
Nachdem sie meine Praxis verlassen hat.

**Max:**
Ein sehr reicher Mann ist oft ein sehr armer Mann, nur
mit sehr viel Geld.

**Peter:**
*(Für sich)* Ohhhh ... ein Genie - Streich. *(Höhnisch)*

**Steffen:**
Wohl vergessen, dass Du Deiner Göttergattin zu
Weihnachten einen Gutschein von Dr. Gottmann
geschenkt hast.

**Max:**
Aber Jungs, die wahre Schönheit kommt doch aus dem
Inneren.

**Peter:**
Ja, aus dem Inneren meines Porsches!

**Steffen:**
Ja, aus dem Inneren meiner Praxis!

**Max:**
Ich rede von Schönheit und nicht äußerer Attraktivität.
Wer mit dem Ideal des Schönen in Berührung kam, dem
strahlt die Schönheit aus dem Herzen heraus.

**Peter:**
Und die Weisheit strahlt wohl aus dem Taxi? *(Für sich)*
Kleiner Besserwisser.

**Max:**
Ich schäme mich nicht für meine Arbeit! Es muss auch
Taxifahrer geben.

**Steffen:**
Natürlich sonst werden wir ja den Führerschein verlieren.
Zum Wohl! Andy, noch mal drei Whisky, bitte.

**Peter:**
Wir haben doch alle Perspektiven, die über den
beruflichen Status quo hinausreichen. Ich habe doch
Recht, wenn ich mit Recht behaupte, dass wir mehr
verdienen, als das was wir jetzt verdienen. Das liegt doch
schon allein an der evolutionären Entwicklung unseres
Menschseins, dass man nach Höherem strebt, das ist
doch die Entwicklung, die das berufliche und finanzielle
Fortkommen beinhaltet. Die Leiter des endlosen Wachs-
tums, sozusagen!

**Steffen:**
Was willst Du denn damit sagen, Du bist doch
erfolgreich im Börsengeschäft. Wohin willst Du denn
noch wachsen? In Madame Tussaud´s Wachsfiguren-
kabinett?

**Peter:**
Ja, ich schon. Jedoch Taxifahrer? Was ist da die Stei-
gerung? Etwa Busfahrer und danach Lokomotivführer?
*(Für sich)* Tzzzz ...

**Max:**
Was willst Du denn damit schon wieder sagen?

**Peter:**
Ja, ja, ich weiß, ich bin ein Mann mit Perspektiven. Geld ist nicht alles im Leben! *(Visionär)*

**Steffen:**
*(Gläser sind bereits wieder leer getrunken)* Andy, Du alter Barhalunke, Deine Whiskys sind aber nicht sehr lange haltbar. Noch mal drei, bitte. *(Fängt das Lallen an)*

**Barmann:**
Kommen sofort.

**Max:**
Da muss ich Dir recht geben, Peter, Geld ist nicht alles im Leben. Es ist doch so …

**Peter:**
*(Unterbricht Max)* … Ja genau! Geld ist nicht alles! *(Ist schon etwas angetrunken)*. Aber lieber reich sein als arm sein, Max! *(Max meinend)*

**Max:**
Lieber geistreich sein als armselig sein, Peter …
*(Peter meinend)*

**Peter:**
… Ein Leben nur mit Geld ist wie eine Suppe ohne Salz, einfach unvollständig. *(Von der Situation ablenkend)*

**Steffen:**
Prost, Ihr zwei. Was soll das Salz in der Suppe sein, Peter?

**Peter:**
Macht!

**Steffen:**
Macht?

**Max:**
Oh Gott!

**Peter:**
Nein, nicht so viel Macht wie Gott. Aber die Macht ist die Vollkommenheit unserer evolutionären Entwicklung.

**Steffen:**
Nun, dann solltest Du in die Politik gehen, dann noch ein passendes Pseudonym ... hmmm, ja und aus Dr. P. Schlaumann wird Herr Dr. G. Schwätz mit Glied im Bundestag *(grinst vor sich hin)* ohne wäre er ja auch eines seiner verhassten Weiber.

**Peter:**
Politik, ja das ist gut. Mit Geld kann man sich alles kaufen. Politik ist die Kunst, von den Reichen Geld und von den Armen die Stimmen zu erhalten, und beides unter dem Vorwand, den einen vor an dem anderen zu schützen. *(Für sich)* Haha, ich bin ein Genie.

**Max:**
Die besten Dinge im Leben sind die, die man nicht für Geld bekommt, denn wer meint, mit Geld alles kaufen zu können, der verrät sich, dass er sich für Geld zu verkaufen bereit ist. *(Mahnend)*

**Peter:**
*(Für sich)* So ein Moralapostel *(verärgert)*. *(Zu den anderen, entspannt und visionär)* Ich werde Präsident und lass ein Ermächtigungsgesetz in Kraft treten, dass mich ermächtigt, die Macht zu besitzen, um mich der Verfassung zu bemächtigen. *(Stolz)*

**Steffen:**
Andy, noch mal drei Whisky, bitte. *(Zu Peter)* Was soll denn das heißen, Peter?

**Barmann:**
Kommen sofort, Steffen.

**Peter:**
*(Besessen, mit geballter Faust, energetisch, pathetisch)*
Frauen besitzen seit der Emanzipation Macht! Soviel Macht, die schon übermächtig geworden ist. Hier muss die Entmachtung ansetzen!

**Steffen:**
Andy, ich glaube, Dein Whisky ist nicht nur lange haltbar im Glas *(zeigt das leere Glas),* sondern er ist auch nicht mehr haltbar, er hat auch eine merkwürdige Wirkung *(zeigt auf Dr. Peter Schlaumann).* Du Peter, sag mir mal, was soll denn das für eine Gesetzesnovelle sein, von der Du schwafelst?

**Peter:**
Nun, mein Freund, Artikel 1 der Verfassung besagt …

**Barmann:**
Drei Whisky für Euch … *(stellt die frischen Whiskys vor die Drei).*

**Steffen:**
… Nein, in der Verfassung steht nichts von drei Whiskys. Die Würde des Menschen ist unantastbar, so steht es geschrieben.

**Peter:**
Das ist unfassbar! *(Durcheinander)*

**Barmann:**
Was? Die Whiskys? *(Verwirrt)*

**Peter:**
Nein, die Würde des Menschen würde ich auch nicht antasten, aber die Würde des Mannes würde ich aufwürdigen.

**Steffen:**

Was denkst Du Dir denn da wieder in Deinem Gehirn aus? Peter!

**Peter:**

Ich würde Artikel 1a einführen.

**Steffen:**

Der heißen würde? *(Neugierig erwartend)*

**Peter:**

Der Artikel 1a wäre dem Artikel 1 der Verfassung übergeordnet. Sozusagen ein Leitartikel. *(Stolz und selbstverherrlichend)*

**Steffen:**

Die Würde würde unangetastet bleiben. Und was würde es heißen, das Du machen würdest? Peter!

**Peter:**

*(Geistreich, genial)* Artikel 1a „Eine Frauenperson hat ihren geehelichten sowie nicht geehelichten Partner zu ehren, ihm zu dienen und zu gehorchen. Die Durchführung von Arbeiten, welche historisch von Frauenpersonen zu verrichten waren, ist dem Manne strengstens untersagt", somit wäre doch die gesetzliche Grundlage geschaffen, dass die Würde des Mannes wieder ganz hergestellt würde *(stolz, selbstverliebt)*. *(für sich)* Herrlich, bin ich stolz auf mich. Ich bin ein Genie!

**Max:**

Also Jungs, ich muss zuerst einmal auf die Toilette. Manche Dinge, die man aufnimmt, müssen schnell wieder abgelassen werden.

**Steffen:**

Max, ich begleite dich auf diesem langen anstrengenden Weg. Nicht dass es dir wie Odysseus ergeht.

*(Zum Barmann)* Deine Whiskys schlagen nicht auf die Blase, sie schlagen bei mir auf den Darm ... *(für sich)* Verdammt, habe ich Blähungen! ... *(zu Barmann)* Noch mal drei! Andy, Bar-Andy, hmmm ... schmecken trotzdem gut, Deine Flatulenzen Whiskys.

**Barmann:**

Meine was? *(Nicht verstehend)*

**Steffen:**

Deine Flatulenzen Whiskys. *(Augen rollend)*

**Barmann:**

Was ist das? Steffen. *(Unwissend)*

**Max:**

Er meint Whiskys, die Blähungen verursachen.

**Barmann:**

Das Kompliment werde ich an die Flasche weitergeben, die Whiskys sind in Arbeit, Meister. *(Zu Max)* Möchte er damit sagen, dass er von meinen Whiskys furzen muss, Max?

**Max:**

*(Zu Andy)* Ich denke, das wollte er damit zum Ausdruck bringen, oder zum Auspuff? *(Zu Peter)* Peter, musst Du auch?

**Peter:**

Was?   Furzen?

**Max:**

Wasserlassen oder furzen. Hast Du denn auch Whiskyblähungen? Dann kannst Du Dich unserer Karawane anschließen.

**Peter:**

Max, ich muss viel, aber ich denke nur an Dich. *(Arrogant)*

**Max:**

Peter, wie meinst Du denn das? *(Unschuldig)*

**Peter:**

Nun, Max, ich bin Mensch, ich denke sozial. Wie du es immer wünscht! Deswegen begleite ich dich nicht auf deinem Leidensweg durchs Jammertal zum Pissoir an der Klagemauer. *(Höhnisch)*

**Max:**

Peter, was beabsichtigst du mir damit zu sagen?

**Peter:**

Dass Du selbst auf der Toilette den Kürzeren ziehst, *(deutet auf den Genitalbereich)* Hahahah …

**Max:**

Ach so, nun …

**Peter:**

… Kleiner Mann, kleiner Pipan! Hahaha … kleines Licht, Luxus Verzicht!

**Max:**

Peter, ich weiß, dass ich kürzer bin als du. Gestattest Du mir eine Frage, Peter?

**Peter:**

Aber immer, Max Hauer, alter Schopenhauer. Aber denke daran, nicht wieder den kürzeren zu ziehen … du weißt ja, kleines Licht *(deutet auf Kopf)*.

**Max:**

… Die Länge und die Kürze einer Wegstrecke, in welcher Maßeinheit misst man diese?

**Peter:**

Das kann ich Dir sagen, mein Freund, die Längenausdehnung einer Wegstrecke misst man in Kilometern, Metern, Zentimetern und Millimetern. Möchtest Du sonst noch etwas lernen?

**Max:**

Ah, interessant. Das dachte ich mir, dass Du das sagst, Du bist ja gebildet, wenn nicht hochgebildet, Herr Dr. Schlaumann. *(Für sich)* Oder hoch eingebildet?

**Peter:**

Was willst du denn damit sagen? Max!

**Max:**

Peter, können wir dann in der Analogie davon ausgehen, dass Größe auch eine Maßeinheit ist?

**Peter:**

Die Größe?! … aber natürlich, mein Freund, in der Analogie können wir davon ausgehen, dass auch die Größe eine Maßeinheit ist. *(Für sich)* Verdammt, auf was will der hinaus?

**Max:**

Also stimmst Du mit mir überein, dass die Größe die Maßeinheit der geistigen Kapazität ist? Stimmt´s, Peter? *(Suggestiv)* Kleines Licht, Peter! *(Deutet auf Kopf)*.

**Peter:**

*(Für sich)* Verdammter Klugscheißer, verdammter. *(In das Publikum sagend)* Hör mir bloß auf mit diesem möchtegern- intellektuellen Theater… immer nur Motzen, Bemängeln und Kritisieren. Ja, verdammt. Ich habe doch recht, ich habe immer recht. Wir sind hier doch in einem Möchtegern - Intellektuellentheater!

**Barmann:**

*Stellt drei Whiskys auf den Tresen und sagt zu Steffen:*

Die drei Whisky hier,

die schenke ich Dir.

Sie sind nicht Deiner Fürze Grund,

meine Whiskys schmecken g´sund!

**Peter:**
Also Andy, hör mir bloß auf mit deiner Dichterei …, da werde ich ja immer dichter oder du undichter ... nun auch egal, lass diesen Unsinn. *(Entnervt)*
**Steffen:**
Peter, sei doch kein Spielverderber, es genügt doch, dass ich schon einen verdorbenen Magen habe. Verderbe mir nicht noch die Laune.
**Peter:**
Jetzt fang Du nicht auch noch damit an, ja bin ich nur noch von so Möchtegern Künstlern umgeben?
**Steffen:**
Aber warum nicht? Ja … wie sagt ein Medikus, wenn er von Andys Whisky Flatulenzen bekommt?

*(Poetisch)*
Mozarts Klängen sanft in Ruhe lauschen,
dabei mit Whisky sich sanft besaufen.
Merkwürdige Düfte unsanft riechen,
pozart sie  aus dem Arsche kriechen.
Also Vorsicht beim Genießen, *(erkennend)*
der Furz kann aus dem Arsche schießen!
Ins Gesicht steigt dann die Schamesröte, *(pathetisch)*
verflogen sind Gedanken an Mozart wie Goethe.
Doch Achtung bei diesem Gedanken *(warnend)*,
sehe ich die gesellschaftlichen Schranken.
So ein Furz, der tut doch den Leib befreien,
da kann man vor Genuss bald schreien.
Also künftig kein Genuss ohne gesunden Furz,
sonst kommt der Spaß im Leben doch zu kurz.

**Barmann:**
Mann, das war gut, ein dichtender Arzt. Auf, Peter, lass uns den dichtenden Juristen hören.

**Peter:**
Ach Quatsch! So ein Mist. Ein dichtender Arzt, der nicht ganz dicht ist.

**Steffen:**
Auf, Peter, sei kein Spielverderber, oder kennst du kein Gedicht?

**Barmann:**
Wenn jeder ein Gedicht, passend zu seinem Beruf, aufsagt, dann gebe ich noch eine Runde aus!

**Peter:**
Ein Mann, ein Wort!

**Barmann:**
Ein Mann, ein Wort.
Ein Barmann, eine gute Whiskysort!

**Peter:**
*(als Gerichtsplädoyer)*
Die Liebe, der hoffnungslose Fall …
In der Liebe gibt es einige Fälle,
sie erinnern ans Leben in einer Gefängniszelle.
Alle Verbote stammen aus Weibes tiefer Liebe
Verbote nehme ich wahr als Prügel und Hiebe.

In der Liebe gibt es einige Fälle,
sie erinnern ans Leben in einer Gummizelle.
Das Weib schreit ja und nein in einem Wort.
Komm hierher und bleib zugleich auch fort!

In der Liebe gibt es einige Fälle,
sie erinnern ans Leben in einer Bekleidungsquelle.
Das ist die Logik unserer Weiber,
gepaart mit dem Stolz auf einen Schrank voll Kleider.

In der Liebe gibt es einige Fälle,
die meinen, jede Frau zu haben auf die Schnelle.
Das sind dann wohl die potenten Männer,
nichts als dumme Esel, aber keine Frauenkenner!

In der Liebe gibt es einige Fälle,
die glaube ich, machen mich schon ziemlich helle,
oh Gott, was ich spreche, das steckt ja auch in mir!
Verdammt, da brauch ich schnell ein´ Whisky hier!

**Barmann:**
Das gibt drei Whisky auf meine Kosten, herrlich.
**Steffen:**
Max, wie sieht es aus? Wo bleibt das Philosophen
Gedicht?
**Max:**

*(Mahnend)*
Ein bescheidener Dichter gestattet Euch, zu fragen,
darf er etwas zum Berufsethos sagen?

Advocatus, warum hast Du die Kunst des Rechts
erlernt?
Durch Streben nach Ruhm und Geld, von der
Gerechtigkeit entfernt!

Medikus,  warum hast Du Gottes Kunst erlernt?
Durch Streben nach Ruhm und Geld, von Gottes
Gunst entfernt!

Advocatus und Medikus, Eure Ethik sei es, dem
Menschen zu dienen!
Nicht allein bloß Ruhm und Geld zu verdienen!

Des einen Tugend, sei es, über die Gerechtigkeit zu
wachen!
Des anderen Tugend, sei es, aus Kranken Gesunde zu
machen!

Lasst also die große Gesellschaftslüge!
Dafür hat der kleine Dichter stets ne Rüge!

*Max und Steffen gehen auf die Toilette, Dr. Peter
Schlaumann schimpft vor sich hin und bleibt an der Bar
sitzen.*

**Peter:**
Verdammter Besserwisser, der Whisky soll ihm im Halse
stecken bleiben. Alter Moralapostel. *(Zornig)* Nein!
Qualapostel!

*Während Max Hauer und Dr. Peter Gottmann auf der
Toilette sind, betritt unverhofft Eleonora Schlaumann,
die Gattin des Dr. Peter Schlaumann, die Kneipe. Dr.
Peter Schlaumann trinkt während dessen an seinem
Whisky, der ihm im Hals stecken bleibt, als er seine
Ehefrau die Kneipe betreten sieht. Er hustet und spuckt
einen Teil des Whiskys aus.*

## 1. Akt 1. Bild 2. Szene

**Eleonora:**

Bist Du schon wieder am Saufen? Du versoffenes Genie, Du! *(Erbost)*

**Peter:**

Oh, mein Schatz?! Was tust Du denn hier?! Ich dachte, ihr habt heute einen Frauenabend!! *(erschrocken, verschüchtert)*

**Eleonora:**

Ich habe Dich etwas gefragt, bist Du schon wieder dabei, dich zu besaufen?

**Peter:**

Aber nein, mein Schatz, wie kommst Du denn darauf? *(Ängstlich verstört, nervös, zitternd).*

*Dr. Peter Schlaumann wird zunehmend ängstlicher und versucht sein Lallen zu verbergen.*

**Eleonora:**

Was ist denn das im Glas? Mein Lieber! *(Im Befehlston).*

**Peter:**

Oh, das? Mein Schatz, ähhh? … das ist ein, ähhhh...

**Eleonora:**

… Whisky! *(Im Befehlston)*

**Peter:**

Ähhh … Ja! Ich meine nein! … *(durcheinander und ängstlich).*

**Eleonora:**

… Nun was denn, Freundchen, JA oder NEIN? *(Herrisch)*

*Eleonora Schlaumann reißt ihrem Mann das Glas aus der Hand, um daran zu riechen, er schaut verdutzt und muss stark schlucken.*

**Eleonora:**

Also doch! Du Säufer! Du brauchst mir heute überhaupt nicht mehr nach Hause zu kommen, du kannst bei deinen versoffenen Kumpeln schlafen. *(Energisch)*

**Peter:**

Aber nein, mein Schatz, meine Frühlingsblüte, mein Sonnenschein, mein flügelloser Engel, der mir meinen Lebensinhalt bietet, mein Frühlingserwachen, mein Lebensinhalt, es ist nicht so, wie Du denkst.

**Eleonora:**

Aha, und wie ist es denn, mein Göttergatte?

**Peter:**

Ich habe erst einen Whisky getrunken … und den hat mir auch noch der Max bestellt. Ich wollte ja nur ein Wasser trinken! *(Unschuldig)*

**Eleonora:**

Ist das auch wahr, Schatz? *(Plötzlich hoch naiv)*

**Peter:**

Ich schwöre! Meine Herzallerliebste, meine Königin.

**Eleonora:**

Nein, ich meine, was Du vorhin gesagt hast.
*(Kindlich verträumt).*

**Peter:**

Aber ja, ich sage immer die Wahrheit und nichts als die Wahrheit. Das ist der Jurist in mir, so wahr ich hier stehe. *(Selbstbewusst)*

**Eleonora:**

Dann sag es noch einmal, Schatz! *(Schaut verlegen)*

**Peter:**

*(Für sich)* Verdammt! Was habe ich denn gesagt?

**Eleonora:**
Schatz, wenn du mich liebst, dann sag es sofort noch einmal.

**Peter:**
*(Steht auf und legt die linke Hand auf die rechte Brust.)*
Ich schwöre, so wahr mir der Allmächtige beistehe, dass ich nur einen Whisky getrunken habe, und dies auch nur, weil ich von einem versoffenen Philosophen dazu genötigt wurde …

**Eleonora:**
*(Unterbricht ihn in einem zänkischen, weinerlichen Ton.)*
… Nicht das, Schatz.

**Peter:**
Aber was, Schatz? *(Nicht weiter wissend verzweifelt)*

**Eleonora:**
Ach, du liebst mich nicht! Du hast es vergessen!
*(Trotzig)*

**Peter:** Aber nein, Schatz, ich habe es nicht vergessen, deswegen liebe ich Dich, Du bist die Einzige für mich, du bist für mich das Sonnenlicht, du erregst mich, wie die Fotosynthese.

**Eleonora:**
Was? Die Fotosynthese erregt Dich? Ach man, ich reiz´ Dich nicht sexuell … Wer ist diese Fotosynthese? Wo hast du sie kennengelernt?

**Peter:**
Großer Gott, Allmächtiger, strafe mich. Nein, meine erblühte Herzblühte, nicht die Fotosynthese erregt mich, sondern du, weil du für mich wie das Sonnenlicht für die Pflanze bist, und die Erregung, die Du allein erzeugst, ist für mich dieselbe Erregung wie die Fotosynthese für die Pflanze. Meine wertvolle Lotusblüte.

**Eleonora:**
Ist das die Wahrheit?

**Peter:**
Nichts als die Wahrheit! *(Gespieltes Leid)*

**Eleonora:**
Dann sag´ sofort noch einmal, wie Du mich vorhin genannt hast! *(Zickig)*

**Peter:**
Aber Schatz, wie habe ich Dich denn genannt? *(Verzweifelt)*

**Eleonora:**
Da haben wir es, Du liebst mich überhaupt nicht, sonst hättest Du es nicht vergessen. *(Böse, erledigt)*.

**Peter:**
Doch, Schatz, ich liebe Dich sogar sehr, ich habe nur viel gearbeitet … *(gerissen)* hehehe viel Geld verdient für dich, meine wertvolle Königin … *(noch gerissener, reibt die Finger)*.

**Eleonora:**
Oh … stimmt das? *(Naiv)*

**Peter:**
Jaaaaa !!! *(suggestiv zustimmend)*

**Eleonora:**
Dann sag es, Du hattest mich „mein Schatz", „meine Frühlingsblüte", … *(naiv weinerlich)*

**Peter:**
*(Unterbricht und führt fort)* … Mein Schatz, meine Frühlingsblüte, mein Sonnenschein, mein flügelloser Engel, der mir meinen Lebensinhalt bietet, mein Frühlingserwachen, mein Lebensinhalt … *(rettendes Ausatmen der Erleichterung)*

**Eleonora:**
*(Für sich, ganz verliebt)* Ohhh … er liebt mich … ahhhh.

**Peter:**
Aber was machst Du denn hier, meine Herzkönigin? *(Heuchlerisch)*

**Eleonora:**
*(Antwortet in einem zickigen und mürrischen Ton.)* Wir haben nichts zu trinken zu Hause. Falls Du es vergessen hast, ich bekomme Besuch!

**Peter:**
*(Für sich)* Jetzt habe ich gedacht, das Rabenaas will mich abholen. *(Zum Barmann)* Andy, eine Flasche deines teuersten Weines für die Dame. *(Großspurig)*

**Andy:**
Der kostet aber 20 Euro! *(Ängstlich)*

**Peter:**
Zu billig, ich zahle Dir 40 Euro dafür. *(Größenwahnsinnig)*

**Eleonora:**
Nein! *(Energisch, zickig, wütend)*

**Peter:**
Wieso nein? *(Erschrocken)*

**Eleonora:**
Willst Du mich vergiften? *(Aggressiv)*

**Peter:**
Nein!? *(noch erschrockener)*

**Eleonora:**
Na also! *(Rechthaberisch, beleidigt).*

**Peter:**
Was willst Du dann? *(Aufgelöst)*

**Eleonora:**
Champagner. *(Übertrieben hochnäsig).*

**Peter:**
Andy, eine Flasche deines teuersten Champagner.
**Eleonora:**
Nein! *(Zickig)*
**Peter:**
Nein? *(Erschrocken)*
**Eleonora:**
Zwei Flaschen. *(Hochnäsig)*
**Peter:**
Andy, fünf Flaschen Deines teuersten Champagners. *(Großmännisch)*
**Andy:**
Der kostet 30 Euro. *(Ängstlich)*
**Peter:**
Alle fünf Flaschen? *(Verblüfft)*
**Andy:**
Nein, eine. *(In Scham fallend)*
**Peter:**
Zu billig. Ich zahle Dir 50 Euro pro Flasche. *(Angeberisch)*
**Eleonora:**
Ich liebe, Dich mein Schatz. *(Empathisch)*
*Der Barmann holt fünf Flaschen Champagner und übergibt sie Eleonora Schlaumann.*
**Eleonora:**
Schatz, liebst Du mich? *(Anhimmelnd)*
**Peter:**
Aber sicherlich, mein Goldregen. *(Stark zustimmend)*
**Eleonora:**
Du zeigst es mir überhaupt nicht mehr. *(Traurig)*
*Peter Schlaumann zieht seine Kreditkarte und gibt sie seiner Frau.*

**Peter:**
*(Stolz)* Bitteschön, meine Goldkönigin´, geh doch morgen mal wieder shoppen. *(Für sich)* Danach können wir richtig poppen.

**Eleonora:**
Ohh. Du liebst mich ja doch.

**Peter:**
Aber sicherlich, mein Schatz.

**Eleonora:**
Aber ich will nicht, dass Du so oft mit dem Max ausgehst, der ist ein schlechter Umgang für Dich. Du hast doch Steffen als Freund, den mag ich viel lieber *(rückt ihre Silikonbrüste dabei zurecht)*

**Peter:**
Ja, mein Schatz, du hast recht.

**Eleonora:**
Ich liebe Dich! *(Romantisch)*

**Peter:**
Ich liebe Dich mehr. *(Noch romantischer)*

**Eleonora:**
Du machst mich sooo … glücklich, mein Schatz!

**Peter:**
Du machst mich noch viel glücklicher, mein Schatz!

*Eleonora Schlaumann nimmt die fünf Flaschen Champagner und verlässt die Kneipe, sie gibt ihrem Mann einen Luftkuss. In diesem Moment kommen Max Hauer und Dr. Steffen Gottmann von der Toilette zurück.*

**Max:**
Sag mal, Peter, war das nicht gerade deine Frau, die eben das Lokal verließ?

**Peter:**
Wer? Wo? Wieso? … *(ertappt fühlend)* Nein, so ein Quatsch *(ablenkend)!*

**Steffen:**
Mir war aber eben auch so, als hätte ich meine Brüste gesehen, *(sich korrigierend)* ich meine, Deine Frau.

**Peter:**
So ein Blödsinn, mein Weib habe ich im Griff, ich bin doch kein Waschlappen! Die sitzt zu Hause und lässt sich von einem alten Weib Kosmetik zeigen. Andy, schnell noch einmal drei Whisky! *(Ablenkend)* Und bezahlen.

**Steffen:**
Ja, noch einmal drei, meine Flatulenzen sind nun auch vorbei. *(zu Peter)* Die Rechnung wird immer erst zum Schluss bezahlt.

**Barmann:**
Deine was?

**Max:**
Blähungen.

**Peter:**
*(Am Lokal läuft eine junge Frau vorbei. Peter Schlaumann kann sie nur aus dem Augenwinkel sehen.)* Oh. Jungs, habt Ihr die gesehen. Mann, das war doch eine Bombe. *(Ablenkend)*

**Steffen:**
Nein. *(Richtend)*

**Peter:**
Nein? *(Verblüfft)*

**Steffen:**
Nein! *(Fachmännisch überzeugt)*

**Peter:**
Warum? *(Erstaunt)*

**Steffen:**

Kololipadie.

**Peter:**

Was?

**Steffen:**

Kololipadie!

**Peter:**

Mensch, Steffen, du bist ja ein Genie. Du kannst so einfach eine medizinische Ferndiagnose erstellen. Mensch, mein Freund, dir sollte man den Nobelpreis für Medizin verleihen.

**Max:**

Nein.

**Peter:**

Was, nein? *(Ärgerlich)*

**Max:**

Das war keine medizinische Ferndiagnose.

**Peter:**

Ach sei doch still, was verstehst du denn davon. Du hast doch vorhin schon über die Wirtschaft dummes Zeug erzählt, und nun maßt Du Dir noch an, über die medizinische Diagnostik eines Mediziners, zu urteilen. Was bildest du dir denn ein, wer Du bist?

**Max:**

Max Hauer. *(Feststellend)*

**Peter:**

Was?

**Max:**

Meine Fantasie reicht aus, um mir einzubilden, der zu sein, zu dem meine Eltern mich getauft haben. Max Hauer. Arbeitsloser Philosoph, arbeitsloser Schauspieler, praktizierender Taxifahrer.

**Peter:**

Dann widerspreche nicht, wenn ein praktizierender Arzt, ein praktizierender Schönheitschirurg eine medizinische Diagnostik über die Schönheit einer Frau abgibt, Herr arbeitsloser Philosoph und praktizierender Taxifahrer.

**Max:**

Nun, ich bin nicht so gebildet wie ihr, ich meine nicht so hochgebildet wie ihr, die Herren Doktoren. *(Für sich)* So hoch eingebildet.

**Peter:**

Na also. *(Für sich)* Selbsterkenntnis ist der erste Weg zur Besserung, alter Schlaumeier.

**Max:**

Aber ich kann mich noch vage an den Altgriechisch – Unterricht erinnern, den wir gemeinsam im Gymnasium hatten.

**Peter:**

Ja und? Ich auch.

**Max:**

Dann erinnerst Du dich sicherlich, das Kolo Hintern und Lipos Fett bedeutet, damit wollte er nur sagen, dass sie einen fetten Hintern hat. Das ist ziemlich menschenverachtend für einen Arzt.

**Steffen:**

*(Für sich, schon ziemlich betrunken)* Haa …, ein richtiger Schlaumann, dieser Hauer, und vom Doktor Schlaumann war das ein richtiger Verhauer.

**Max:**

Die neue Wortschöpfung kann eine Symptomatik der Schizomanie darstellen.

**Peter:**
Das weiß ich auch! *(Leise zu Steffen)* Was ist denn eine Schizomanie, Steffen?

**Steffen:**
Die Vorstufe einer Schizophrenie.

**Peter:**
Willst du etwa sagen, dass Steffen schizophren ist? *(Hoch empört)*

**Max:**
Nein.

**Peter:**
Was dann? *(Energisch)*

**Max:**
Mathematisch ausgedrückt ergibt die Quadrierung seines Wesens die Wurzel der dunklen Corporalen - Öffnung, durch die das Enddarmausscheidungsprodukt den Körper verlässt, die menschenverachtende Äußerungen von sich gibt! Durch Alkohol beeinflusst!

**Peter:**
Was soll denn das heißen, Steffen?

**Steffen:**
Max meint, ich sei ein besoffenes menschenverachtendes Arschloch im Quadrat.

**Peter:**
Was? Da haut aber der Hauer dem Fass den Boden aus.

**Steffen:**
Der hat ja auch keine Ahnung von Frauen! *(Herablassend)*

**Max:**
Wie bitte?

**Peter:**
Eben, der hat doch keine Ahnung von Frauen!

**Max:**
Peter, hast Du Ahnung von Frauen?
**Peter:**
Natürlich, ich weiß, wie man jede Frau herum bekommt.
*(Stolz)*
**Steffen:**
Jede? *(Skeptisch)*
**Peter:**
Jede! *(Überzeugt)*
**Max:**
Jede? *(Belustigend)*
**Peter:**
Jede! Ob verheiratet oder nicht. *(Selbst überschätzend)*
**Max:**
Dann lass mal hören, Herr Casanova. (Für sich) Ein Mutterkomplex als Don Juanismus.
**Barmann:**
Darf es noch etwas sein?
**Steffen:**
Drei Whisky, bitte.
**Barmann:**
Kommt sofort. *Schenkt die Whiskys ein und stellt sie an den Tresen.*
**Steffen:**
Danke, Andy! Hör zu, von Peter kann man noch viel lernen!
**Barmann:**
Für Neues bin ich gerne offen.
**Peter:**
Im Grundsatz ist festzustellen, dass es zwei Arten von Frauen gibt!

**Barmann:**
Aha. Zwei Arten von Frauen? Interessant!

**Peter:**
Ja. Zwei Arten von unseren Mitlebewesen mit voluminöserem Toraxbereich *(formt die Silhouette der weiblichen Brust)* in der Gattung Mensch. *(Belehrend)*

**Barmann:**
Und worin besteht der Unterschied zwischen den Arten?

**Peter:**
Die eine Art ist die Art, die leicht zu haben ist …

**Barmann:**
… Und die andere Art, welche ist das, Peter?
*(Neugierig)*

**Peter:**
Die andere Art ist die Art, die gleich zu haben ist. *(Erkennend)*

**Max:**
Interessanter Naturalismus, Peter, die eine Art der Frau, die gleich zu haben ist; und die andere Art von Frau, die leicht zu haben ist. Da kann man ja von einer richtigen Artenvielfalt sprechen, Peter! *(Belustigend)*

**Peter:**
Max, schweige! Du verstehst doch nichts von Frauen. *(Zornig)*

**Max:**
Aha ich …

**Barmann:**
…. Wie geht's weiter, Peter? *(Gespannt)*

**Peter:**
Zunächst möchte ich meine tiefgründige These wissenschaftlich untermauern … *(arrogant)*

**Max:**
…Ahaa…, wissenschaftlich untermauern? *(Nachahmend)*

**Peter:**
Ja! *(Ärgerlich)*

**Barmann:**
Interessant!

**Peter:**
Betrachten wir die einzige und wahrste aller Wahrheiten, die Evolutionstheorie … *(selbstbewusst)*.

**Max:**
… Die heißt Evolutionstheorie, Peter.

**Peter:**
Wirst du mich wohl nicht ständig unterbrechen! Ich weiß, dass sie Evolutionstheorie heißt, und ich sagte Evolutionstheorie, Max! *(Besser wissend)*

**Max:**
Peter, du sagtest Evolutionstheorie, meintest jedoch Evolutionsbeweis, weil du die Aussage rhetorisch als „veritas absolutus", als absolute Wahrheit bezeichnet hast.

**Peter:**
Sei doch still, du hast doch überhaupt keine Ahnung!

**Max:**
Peter, eine Theorie bleibt in ihren Wesen ein vereinfachtes Bild eines Wirklichkeitsausschnittes unserer Wahrnehmung, mit dessen Bild eventuell Vorhersagen gemacht werden können; jeder Theorie liegen entweder deutliche oder undeutliche Annahmen zugrunde, da die Theorie ein erdachtes Abbild des vorherrschenden Zeitgeistes ist, Peter! *(Aufklärend)*

**Peter:**
Ja, na und? *(Nicht weiter wissend, perplex)*
**Max:**
Der Zeitgeist zur Entstehung der Evolutionstheorie war der Zeitgeist der Industrialisierung, in der die Starken reich wurden und die Schwachen arm. Da passte das Bild vom Kampf der Arten ... die natürliche Selektion der starken von den schwachen Elementen ...
**Peter:**
... Ich sage doch, du hast keine Ahnung. *(Ablenkend)*
**Max:**
Nur die Vorahnung des „ad absurdum absolutus", der völlige Unsinn ...
**Peter:**
... Lass mich aussprechen, Max. Das bedeutet Kinderstube. Uns, die moderne und vernunftbegabte Art von Mensch nennt man Homo sapiens sapiens. Der Homo sapiens sapiens stammt vom Homo habilis und Homo erectus ab. *(Besserwisserisch)*
**Barmann:**
Interessant, Peter! Was willst du damit sagen?
**Peter:**
Damit möchte ich zum Ausdruck bringen, dass der Mann der direkte Nachfahre des Homo habilis ist. In den Urinstinkten des Mannes — auf die wir stets hören sollten — liegt es, dass er alles haben möchte! Denn haben kommt von habilis!
**Max:**
Schüttelt den Kopf *(für sich)* ad absurdum! Habilis bedeutet Geschick. Tja, ein Geschick die Worte zu verdrehen, das tust du haben!

**Barmann:**

Sehr interessant, Peter*! (Max verdreht die Augen, Steffen ist eingenickt.)*

**Peter:**

Die Frauen sind die direkten Nachfahren des Homo erectus, sie unterliegen einer ständigen sexuellen Erregung. Denn Erregung und Erektion kommen von erectus. *(Klug schlussfolgernd)*

**Max:**

Schüttelt den Kopf *(für sich)* ad absurdum! Erectus bedeutet aufgerichtet, was du nicht bist, aufrichtig!

**Barmann:**

Interessant, Peter …

**Peter:**

Da Frauen stets sexuell erregt sind, sind sie die Nachfahren des Homo erectus. Weil sie unter einer sexuellen Dauererregung stehen, sind sie entweder gleich zuhaben oder leicht zu haben. Da es in den Urinstinkten des Mannes liegt, alles haben zu müssen, stammt er vom Homo habilis ab und kann jede Frau entweder leicht oder gleich haben. Dies ist ein ganz einfaches evolutions-historisches Gleichnis, sofern man die Evolutionstheorie versteht. *(Herablassend)*

**Max:**

Peter, das ist ein ganz Großer …

**Peter:**

…Ich habe gesagt, sofern man den Darwinismus versteht, Max!

## 2. Akt 2. Bild Szene 4

*Eleonora Schaumann ist zu Hause in ihrem Wohnzimmer und bereitet alles für den Kosmetikabend vor. Sie stellt die fünf mitgebrachten Champagner – Flaschen, auf den Tisch. An-schließend holt sie etwas zu schreiben, Papier und eine Schere sowie Klebstoff. Dabei spricht sie mit sich selbst.*

**Eleonora:**

So! Wie viel hat mein Schatz jetzt dafür bezahlt? … hmm Dieser Wurm, dieser Barkeeper wollte zwanzig Euro, da war ich meinem Goldschatz mehr wert. Hmmm? Was hat er ihm bezahlt? Waren es dreißig Euro? Hmmm ... ach quatsch, für so eine tolle, schöne und intelligente Dame, dreißig Euro?! Ach, ich Dummerchen, das waren bestimmt sechzig Euro, oder? Ach, ich weiß es nicht mehr …Aber nicht so schlimm. Im Leben zählen immer, nur die Ergebnisse, sagt mein Schatz immer und hier ist das Ergebnis, dass der Champagner, wenn er für mich ist, mindestens neunzig Euro wert ist. Ja, und meinem Schatz wäre der Champagner im Ergebnis auch einhundert Euro wert, weil er für mich ist. Ich bin ja auch unzählbar, nein unzahlbar … nein, wie heißt das noch mal? Hmmm ... ach, unbezahlbar!

*Eleonora schreibt Preisschilder in Höhe von 100 € und beklebt die Champagner - Flaschen damit, dabei spricht sie weiter mit sich selbst.*

**Eleonora:**

Man muss den Menschen schon zeigen, wie viel sie einem wert sind. Meine Freundinnen sind mir schließlich sehr viel wert! So, was wollte ich jetzt noch tun? Hmmm, wo habe ich Schussel denn wieder meine „To do - Liste"? *(Sie sieht sich auf dem Tisch um und findet ihr Notizbuch).*

Ach - hier ist sie ja, meine kleine böse, Verstecker - to - do - Liste"! *(Sie liest laut vor).* So, Punkt eins: Lernen, Klammer auf, fremdsprachige Vokabeln aus dem Vokabelbuch, Klammer zu. Punkt zwei: Bildung durch Literatur. Ja, das ist genügend für den Geist, an einem Tag. Wo ist denn nun wieder mein süßes kleines Verstecker Vokabelheft? *(Sie sucht wieder auf dem Tisch und nimmt dann ein kleines Vokabelheft und fängt laut an zu lesen.)*

So:

„No Go bedeutet etwas ablehnen".

„No Go bedeutet etwas ablehnen".

„No Go bedeutet etwas ablehnen".

„Mainstream bedeutet massentauglich".

„Mainstream bedeutet massentauglich".

„Mainstream bedeutet massentauglich".

„Mainstream bedeutet massentauglich."

Oh, oh, ganz schön schwer heute. Ich mach´ mal weiter mit Bildung durch Literatur. *(Nimmt einige Zeitschriften, die auf dem Tisch liegen, und liest die Titel laut vor).*

So, zur Bildung stehen zur Auswahl:

„Mirror of the Woman" oder „Moderne Frau". Alternativ die „Welt der Frau" oder die „Frauenwelt" Und zur kulturellen Bildung eine DVD des Broadway – Musicals „Women of the Year". *(Etwas erschöpft)* oh, heute wollte ich eigentlich etwas Leichtes in meinen Geist einführen. Ich muss ja nicht gleich heute ein Einstein werden. *(Lacht)* Einstein war ja auch nicht vom ersten Tag an ein Einstein. Naja, dann verschiebe ich es auf morgen. Ich habe ja schon genug gelernt, und heute Abend gibt es ja auch noch eine Vorlesung über Kosmetik. Ist ja fast wie ein Studium!

*Es läutet an der Tür, Eleonora öffnet und empfängt ihre Freundin Gaby Decker. Sie ist eine Geliebte des Freundes ihres Mannes, Doktor Steffen Gottmann. Sie begrüßen sich mit zwei Wangenküsschen.*

**Gaby:**
Ach, ich freue mich so, dich wiederzusehen, meine Teuerste. *(Übertrieben)*

**Eleonora:**
Ach, ich freue mich noch mehr, Dich wiederzusehen, meine Schöne.

**Gaby:**
Elli, ich habe ganz, ganz tolle Neuigkeiten. *(Langsam spannend)*

**Eleonora:**
Welche denn, meine Bezaubernde? *(Vorgespieltes Interesse)*

**Gaby:**
Elli, ich habe heute Morgen eine ganz, ganz tolle Frau kennengelernt. Eine neue „best friend" für uns! Sie passt so gut zu uns, dass ich sie gleich für heute Abend eingeladen habe.

**Eleonora:**
Oh, ganz, ganz toll, Gaby, ich lerne gerne neue Menschen kennen, als „best friend". Ist sie auch gebildet?

**Gaby:**
Aber ja, meine Teuerste, sogar hochgebildet. Als ich sie heute Morgen kennengelernt habe, wusste sie sogar schon, dass Prinz Eugen von Frankenstein, der ehemalige Frauenmanager, der seine Millionen in der Hotelbranche verdient hat, (mit diesen Zimmern, die man für eine Stunde anmietet) der sich dann von Prinz Gottlob von Frankenstein adoptieren lassen hat, eine Affäre mit dem Top - Modell Justine Claude hat.

**Eleonora:**
Nein! *(Erstaunt)*

**Gaby:**
Doch, wirklich und sie wusste sogar schon, dass seine Verlobte Nicole eine Affäre mit dem berühmten TV Moderator Mark Zapp hat!

**Eleonora:**
Nein!*(Erstaunt)*

**Gaby:**
Doch wirklich, und das Beste kommt sogar noch.

**Eleonora:**
Was denn? *(Ungläubig)*

**Gaby:**
Natalie, also so heißt unsere neue „best friend", sie kennt Prinz Eugen von Frankenstein sogar persönlich! Er hat ihr sogar gesagt, er könne sie sehr schnell berühmt machen und lädt sie auf eine Pool - Party ein, auf der nur VIPs eingeladen sind.

**Eleonora:**

Nein, wirklich? Die ist aber schlau! Sie hat bestimmt studiert.

**Gaby:**

Das glaube ich auch, sonst kann man doch keine High – Society - Expertin werden. Ich komm´ mir so richtig dumm und minderwertig vor, wenn ich in ihrer Gegenwart bin.

**Eleonora:**

Ach Süße, das musst du doch nicht, mein Engel. Du bist doch auch ein wertvoller Mensch, sieh ich doch an, so hübsch, wie du bist.

**Gaby:**

Ja, aber sie hat so viele Begabungen, das macht mich traurig. *(Pathetisch)*

**Eleonora:**

Welche denn, meine Teuerste? *(Mitfühlend)*

**Gaby:** 90/60/90 und Haarextension … bis zum Po, der auch noch knackig ist! *(Neidisch)*

**Eleonora:**

*(Für sich, neidisch)* Die ist ja sogar hochbegabt. *(Zu Gaby)* Aber mein Mäuschen, Aussehen ist nicht alles. *(Für sich)* aber es ist nur das Ein und Alles. *(Zu Gaby)* Geist muss man auch noch haben. Besitzt sie denn ein hohes Niveau?

**Gaby:**

*(Formt die Brust nach, versucht das hohe Niveau zu finden)* Sie hat ein sehr hohes Niveau. Das ist es ja, sie hat so viel Geist. Sie weiß ja alles … Sie weiß, wer der Bürgermeister ist und sie weiß bestimmt auch, wer der nächste König von Deutschland wird und sie kennt wahrscheinlich auch noch seine sexuellen Vorlieben.

**Eleonora:**
Hmmm … Naja gut, meine Gaby. *(Suchend)* Wissen ist nicht alles, ein Mensch darf auch nicht oberflächlich sein, so wie Du!

**Gaby:**
Ja, aber sie ist ja nicht einmal oberflächlich, sie hat sogar sehr hohe innere Werte. Erstens hat sie von Natur Körbchengröße C, da siehst du mal, was sie für ein Naturtalent ist. Zweitens ist sie nicht so oberflächlich wie neunzig Prozent aller Frauen, denn sie trägt keinen „Push up BH", um sich oberflächlich schön zu machen. Sie hat einen ausgeprägten Sinn für innere Werte. *(Deprimiert)*

**Eleonora:**
Wirklich? *(Ungläubig)*

**Gaby:**
Sie ist schon fast ein weiblicher Philosoph, da würde dieser Pluto oder wie der heißt neidisch werden. Sie weiß, dass wahre Schönheit aus dem Inneren des Menschen kommt.

**Eleonora:**
So tiefsinnig?

**Gaby:**
Ja! Ihre Schönheit kommt aus dem Inneren, denn sie hat wunderschöne Silikonimplantate im Inneren der Brust. Ich sagte ja, sie ist nicht oberflächlich und trägt keinen Push up, sie ist ein Naturtalent mit Naturkörbchengröße C, und ihre Schönheit kommt aus dem Inneren.

**Eleonora:**
*(Für sich)* Ohh, die hat aber mächtig was auf dem Kasten. *(Zu Gaby)* Aber mein Engel, in einer adligen und guten Gesellschaft zu verkehren, ist ebenso nicht alles, wie nicht oberflächlich zu sein. Ebenso nicht alles, wie

gebildet zu sein und innere Schönheit zu besitzen. Den Menschen macht mehr aus.

**Gaby:**
Aber was denn, Elli, meine Teuerste? *(Neugierig)*

**Eleonora:**
Den wahren Menschen macht auch Herz aus.

**Gaby:**
Herz? *(Verblüfft)*

**Eleonora:**
Ja! Herz, mein Herz!

**Gaby:**
Ist das auch kein Scherz?

**Eleonora:**
Nein, mein Herz, das ist kein Scherz, den Menschen macht Herz aus!

**Gaby:**
Du bist so eine gute Freundin Elli, so eine schlaue Therapeutin. Du hast mich gerettet, denn Herz habe ich.

**Eleonora:**
Das weiß ich doch, mein Herz, das du ein Herz besitzt.

**Gaby:**
Ja, als ich Steffen in seiner Praxis kennengelernt habe und er mir die Implantate zeigte, sagte er auch, dass er gleich gesehen hat, dass ich eine Frau mit gutem Herz bin; und wenn ich ein wenig gut zu ihm bin, gibt er mir die 6.000 Euro teuren Implantate für nur 3.000 Euro. Seit dem Tag liebe ich ihn von ganzem Herzen und er mich ebenso.

**Eleonora:**
Na siehst du, mein Herz, da bist du doch auf Nasenlänge mit Natalie.

**Gaby:**
Ja, aber ich fühle mich trotzdem so minderwertig im Gegensatz zu ihr.

**Eleonora:**
Aber warum denn, meine Teure?

**Gaby:**
Natalie hat für ihre Brustimplantate 10.000 Euro bezahlt und ich nur 3.000 Euro. Ich fühle mich jetzt 5.000 Euro weniger wert als sie.

**Eleonora:**
Du meinst 6.000 Euro weniger.

**Gaby:**
Ja, ach … ich muss morgen gleich einen Termin mit einem Psychologen vereinbaren, damit ich mich wieder wertvoller fühle.

**Eleonora:**
Aber Süße, mach doch einen Termin mit Steffen aus, er kann dich doch wertvoller machen.

**Gaby:**
Aber er hat doch immer so viele Kundinnen Termine.

**Eleonora:**
Und wenn er Feierabend hat?

**Gaby:**
Dann hat er immer Nachsorgeuntersuchungen mit seinen Patientinnen oder Gespräche, wie die Finanzierung ablaufen soll.

**Eleonora:**
Oh, ich verstehe. Steffen hat viel zu tun.

**Gaby:**
Ja, deswegen gehe ich morgen zum Psychologen.

**Eleonora:**
Ich komme mit.

**Gaby:**
Oh, du willst mich begleiten, bist du eine gute Freundin!

**Eleonora:**
Ja, aber ich benötige auch einen Psychologen.

**Gaby:**
Aber warum?

**Eleonora:**
Ach, Peter ist mir gerade viel zu lieb, und heute Morgen ist mir sogar mein Kaffeebecher zu Boden gefallen, es ist mir alles zu viel zurzeit.

**Gaby:**
Oh, mein Engel, jetzt belaste ich dich die ganze Zeit mit meinen Problemen, und dabei hast du selber eine riesige Last zu tragen.

### Bild 3 Szene 4

**Barmann:**
Ich verstehe, Peter. Und wie viele Frauen hast du schon leicht und gleich bekommen?

**Peter:**
*(Lächelt geehrt)* Oh, schon viele. Zu viele. So viele, dass es mich heute nicht mehr reizt.

**Max:**
Liebst du denn deine Frau nicht, Peter?

**Peter:**
Das hat doch mit Liebe nichts zu tun, Max. Natürlich liebe ich meine Frau.

**Barmann:**
Nicht mit Liebe? Mit was dann, Peter?

**Peter:**
Mit der Evolutionstheorie!

**Max:**

Was denn? Nicht schon wieder dieses Geschwafel.

**Peter:**

Na, was denn? Der Mann muss alles haben, vor allem Frauen.

**Barmann:**

Interessant, Peter. Was hat das mit der Evolution zu tun?

**Peter:**

*(Vortragend)* Das ist doch logisch. Das ist der Fortpflanzungstrieb, der uns Menschen seit unserer prähistorischen, grauen Vorzeit begleitet.

**Max:**

Ach, was du nicht sagst, Peter.

**Peter:**

Ja wohl, Herr Schlauspieler.

**Barmann:**

Erzähl doch mal weiter, Peter.

**Peter:**

Das ist doch ganz logisch. Der Mann muss seinen Samen so oft wie nur möglich weitergeben, damit der Fortbestand der eigenen Art gesichert ist. Da das Weib in früheren Zeiten meist nach zweimaligem Gebären das Zeitliche gesegnet hat, musste der Mann das nächste Weib begatten, um die eigene Gattung zu erhalten.

**Barmann:**

Aha, und dieser Instinkt sitzt heute noch in uns, Peter?

**Peter:**

Ja, Andy!

**Max:**

Ich dachte immer, die Selektion hat Fähigkeiten und Instinkte, die wir nicht mehr brauchten, deaktiviert.

**Peter:**
Und die Weiber haben sich stets starke und gesunde Männer ausgesucht, Max, damit die Art sich stark und gesund entwickeln konnte. Heute ist stark, wer Geld hat und wer heute Geld hat, ist gesund. Auch heute schauen die Frauen nach den Starken *(reibt dabei Zeigefinger und Daumen aneinander)*.

**Max:**
Aha, was du nicht sagst, Peter!

**Peter:**
Warum hast du denn keine Frau, Max?

**Max:**
Ich habe keine Frau, weil Frauen für mich zu schwer…

**Steffen:**
*(Erwacht aus dem Rausch)* … Sind dir die Frauen zu schwer, dann schicke sie zu mir. Ich sauge ihnen das Fett ab …

**Max:**
… zu schwer zu verstehen …

**Peter:**
… weil du keine schwere Geldbörse besitzt! *(Lacht)*

**Barmann:**
Peter, erzähl schon. Wie bekommt man jede Frau herum?

**Peter:**
Das ist doch ganz logisch, mein Freund. Verheiratete Frauen sind die einfachsten.

**Barmann:**
Aha, warum, Peter?

**Peter:**
Verheiratete Frauen bekommen ihre ehelichen Rechte nicht mehr, weil deren Ehemänner ihre ehelichen

Pflichten zu außerehelichem Vergnügen machen. Das ist doch logisch.

**Max:**

Der Großlogiker.

**Barmann:**

Na ..., weiter?

**Peter:**

Du musst ihnen einfach sagen, was sie nie hören!

**Barmann:**

Was hören sie denn nie, Peter?

**Peter:**

„Du bist so zauberhaft, so wunderschön, so klug, einfach etwas Besonderes". *(Theatralisch)*

**Barmann:**

Oh, danke, Peter. *(Geehrt)*

**Peter:**

Nein, das sollst du einer verheirateten Frau sagen. *(Für sich)* Du Holzkopf.

**Barmann:**

Ach so, aber woher weiß ich, dass dies eine Ehefrau nie hört, Peter?

**Peter:**

Das ist doch logisch, weil Ehemänner keine Zeit haben, mit solchen Dingen ihren eigenen Besitz zu erobern. Der Ehemann ist damit beschäftigt, genau das einer anderen Frau zu erzählen, was sie zu Hause nicht zu hören bekommt. *(Für sich)* Ist das ein Torfkopf.

**Barmann:**

Und wie reagieren die Frauen darauf?

**Peter:**
Die vernachlässigte Ehefrau wird dann antworten: „Ach was, das ist doch nicht wahr"; und dabei schmilzt sie schon hin wie ein Stück Zartbitterschokolade.

**Max:**
Ach ja? Wie ein Stück Zartbitterschokolade?!

**Peter:**
Genau! Wie ein Stück Zartbitterschokolade.

**Max:**
Und wieso nicht wie Vollmilchschokolade?

**Peter:**
Weil sie die Zartheit einer Frau in sich trägt und bekleidet ist mit dem Mantel der ehelichen Verbittertheit.

**Max:**
Der vernachlässigten Ehe!

**Barmann:**
Und eine unverheiratete Frau? Wie bekommt man die rum?

**Peter:**
Du bist soooo schön klug ...

**Barmann:**
O ... danke, Peter ...

**Peter:**
... Nein, nicht du! *(Für sich)* Holzkopf. *(Zu Barmann)* Das sagst du einer nicht verheirateten Frau.

**Barmann:**
Woher weiß ich denn, ob sie schön klug ist, Peter? Ich meine, ob sie schön ist, das sehe ich ja. Ich sehe nur nicht, ob sie klug ist.

**Peter:**
Man sagt „Du bist schön und klug", auch wenn sie schön dumm ist.

**Barmann:**
Und das hilft?

**Peter:**
Nun ja, nicht allein das ...

**Barmann:**
... was denn noch?

**Peter:**
Frauen sind immer unzufrieden mit sich selbst. Entweder leiden sie wegen eines zu kleinen Busens oder wegen eines zu großen Busens.

**Steffen:**
*(Erwacht aus dem Rausch)* Und beide schickt man zu mir, dann mach´ ich sie glücklich. Der einen nehme ich ihr Leid, indem ich ihr das Fett nehme, und der anderen nehme ich das Leid, indem ich ihr das genommene Fett gebe.

**Barmann:**
Ja, und weiter?

**Peter:**
Nun, ist der Busen zu klein, dann sagst du: „Ich habe noch nie einen wohlgeformteren Busen gesehen" ... so darfst du dann ganz wohlgesonnen mit dem wohlge-formten Busen schmusen.

**Barmann:**
… Und wenn er zu groß ist? Was sage ich dann?

**Peter:**
... Ich habe noch nie einen schöneren Busen gesehen ...

**Barmann:**
... Ja, aber das ist doch dasselbe?

**Peter:**
Das ist doch das Rezept *(für sich)* Hohlkopf. *(Zu Barmann)* Aus einer Schwachstelle Kapital schlagen, in

81

diesem Fall Vaginalkapital *(lacht)* dazu sagst du noch wie in einem Kindergedicht auf: „Ich spüre es, wir sind seelenverwandt. Erst du hast mich mir nahe gebracht, weil du das Abbild meiner Wünsche und Sehnsüchte bist …" und so weiter und so fort. Das ist dann ein Volltreffer mitten ins Herz.

**Max:**

... Du bist ja ...

**Peter:**

... Erspare mir deine inkompetenten Kommentare, Max!

**Steffen:**

*(Erwacht aus dem Rausch)* Richtig! Frauen muss man immer sagen, was sie hören wollen, und schon wollen sie ... *(nickt wieder ein)*.

**Peter:**

Wie im richtigen Leben, wichtig ist, man sticht ins Ziel ...

**Max:**

Die wahre Liebe ist doch die Vereinigung. Das gegenseitige Annehmen, der Austausch göttlicher Energien, ein Hingeben im Tempel der Liebe. Im Tempel des Liebesgottes wandelt man auf heiligen Boden. Es ist die Vereinigung zweier Seelen, die sich in Offenheit begegnen. Es ist mehr als die Verbindung zweier Körper. Du denkst nur an Geld und an Sex. Schönes Aussehen und Sex sind käuflich. Alles Käufliche ist eine Ware, es gehört zur Welt des Geldes. Käufliche Dinge erscheinen äußerlich wertvoll, besitzen aber eine innere Leere. So wird das eigene Leben leer, wenn man sich nur an innerlich leere Dinge bindet, so verliert das Leben seinen Inhalt und wird sinnlos, Peter!

**Peter:**
Das eigene Leben wird sinnlos und leer, wenn man sich an leere Dinge bindet, sagst du?

**Max:**
Ja! Sinnlos und leer, Peter!

**Steffen:**
War das ein Knock-out? So kenne ich dich überhaupt nicht, so sinnierend über die Ausführungen von unserem Max.

**Peter:**
Ich sinniere über den Inhalt meiner Sinne, die mir sagen, dass es Sinn macht, sogar äußerst sinnvoll wäre, wenn wir jetzt nach Hause gehen.

**Steffen:**
Ich denke, du hast etwas sehr sinnvolles gesagt. Mein Eichmeister war heute nicht der beste. Ich glaube, ich bin betrunken. Die Müdigkeit befällt mein Gesicht wie eine Gesichtslähmung.

**Max:**
Freunde, es gibt für alles eine Zeit. Jetzt ist die Zeit da, um Abschied zu nehmen.

**Peter:**
Da wird mir ja richtig warm um das Herz.

**Steffen:**
Was sind denn das für romantische Töne? Du wirst mir ja immer fremder, da muss ich dich ja bald mit „Sie" ansprechen.

**Peter:**
Nein, ich meine es ernst. Mir wird wirklich richtig warm um das Herz.

**Steffen:**
Mensch Peter, du metamorphosierst ja zum Gutmenschen.

**Peter:**
Steffen, lass diesen Quatsch. Ich spüre eine angenehme Wärme und ein Drücken, um mein Herz herum.

**Steffen:**
Das sage ich doch, aus deinem Herzen drückt förmlich das Gute hinaus, wie es mir vorhin aus dem Arsch geblasen hat.

**Max:**
Jungs, lasst uns nach Hause gehen.

**Peter:**
Ich bezahle alles, Andy.

**Steffen:**
Krösus, ich sagte doch: bezahlt wird zum Schluss.

**Peter:**
*(Für sich)* ja, bezahlt wird zum Schluss und dennoch fühle ich mich, als habe ich eine Rechnung offen.

**Alle:**
Gute Nacht, Andi!

**Barmann:**
Bis zum nächsten Kosmetikabend.

**Peter:**
*(Für sich)* Vielleicht werde ich doch zum Gutmenschen? Vielleicht ist der Druck am Herzen doch das Gute, das aus mir herausdrückt? Man sagt doch, der Mensch ist im Herzen gut.

## Bild 2 Szene 4

*Wieder im Wohnzimmer bei Eleonora Schlaumann.*

**Eleonora:**
Mach dir mal keine Sorgen, mein Herz. Ich bin so stark, ich kann unser beides Schicksal schultern. Ja, das Leben ist nicht einfach, Süße.

*Es läutet an der Tür.*

**Gaby:**
Ohhh ... wer wird das wohl sein? Natalie oder der Kosmetikmensch?

**Eleonora:**
Ich öffne mal die Türe *(singend)* lass dich überraschen ... dadidadaaa ... *(läuft dabei zur Tür, die sie öffnet).*

*Zur Türe kommt die erwartete Natalie mit einem jungen, sexy Mann herein, dessen Hemd noch aufgeknöpft ist. Natalie rückt ihr Haar zurecht.*

**Natalie:**
Huhuuu ... Kuckuck, ihr süßen, ihr lieben Schnuckelmäuse. Ich bin die Natti Schnatti. Bin ich glücklich, so toll aussehende Freundinnen zu haben! *(Begrüßt beide mit einem Küsschen auf die Wange). Zu Eleonora:* Du siehst sogar toller aus, als Gaby dich beschrieben hat. Grrrr... Hihihihi. Ich habe auch schon unseren Schönheitsexperten und Kosmetikberater näher und tiefer kennengelernt und ihn gleich mitgebracht. Er besitzt ein potentes Fuckwissen, ich meine, Fachwissen, der kleine, feine, süße, schnuckelige Roberto Romani.

**Mann:**
Hola Senioritas. Mein Name ist Romani. Roberto Romani. Aber ihr dürft mich auch Roberto nennen. *(Zieht seine Sonnenbrille auf die Nasenspitze und mustert fachmännisch die anwesenden Frauen von oben bis unten.*

**Gaby:**
Wow! Ich meine: hi Roberto Banani.

**Mann:**
Romani

**Gaby:**
Egal

**Mann:**
*(Tritt zu ihr, überreicht ihr seine Visitenkarte, küsst ihre Hand und sagt ihr im fast erotischen Ton)* Was für ein Engel, der von der Himmelsbrüstung gefallen sein muss, um mich mir selbst näher zu bringen. Du bist das Abbild meiner Sehnsucht. Du bist die Reflexion meiner Wünsche ... Ah, eine schöne Frau.

**Gaby:**
Oh, wirklich! *(Für sich)* Ist der lieb. So klug und romanisch!

**Mann:**
Nun weiß ich, wie sich ein Schatzsucher fühlt, wenn er etwas selten Schönes findet. Ich hab´ noch nie eine Frau getroffen, die so eine Intelligenz ausstrahlt, dass sie förmlich zu fühlen ist, auch wenn sie nicht redet, eine schweigende Intelligenz, welche die Lippenbewegungen unnötig erscheinen lassen, und außerdem so schön ist, dass sie meine unwürdigen Augen mit dem Licht der Schönheit blendet. Gott muss eine Frau sein! Denn sie schuf ihr göttliches Ebenbild nach dir.

**Gaby:**
Oh … *(schmilzt dahin)* Morgen, morgen hab ich Zeit.
*(Nervös)*
**Mann:**
*(Begrüßt Eleonora)* Die Hausherrin, sei gegrüßt. *(Küsst die Hand)* Der Rosen feinster Duft und der Geschmack der süßesten Schokolade. Selten habe ich so eine schöne und kluge Frau gesehen. Ehrlich gesagt noch niemals.
**Eleonora:**
Oh …, Ach was, das ist doch nicht wahr. Mir wird ganz warm ums Herz.
**Mann:**
Nicht wahr?! Es ist die aller wahrste Wahrheit. Ich spüre förmlich eine Seelenverwandtschaft zwischen uns, ein Band, das unsere Seelen verbindet, das weiße Band der Reinheit, und unsere Leiber anzieht, aneinanderkettet. Sich dagegen zu wehren, ist Versündigen an der Natur. Ich habe noch nie einen so wohlgeformten Körper zuvor gesehen. Gott muss ein Künstler sein. Du allein bist der lebende Gottesbeweis! *(Höchst theatralisch)*
**Eleonora:**
Mir wird ganz heiß. Ich glaube, ich schmelze. Wie ein Stück Schokolade das durch die Strahlen der Worte erhitzt wird …
**Mann:**
*(Zu Natalie)* Süße, du bist gut, richtig gut! Du bist mein Superstar *(für sich)* oder mein Supernarr. Du hast das Zeug zum Top Modell *(für sich)* oder auch zum Topf-Modell …
**Natalie:**
… Das möchte ich auch werden. Ich überlege mir nur noch, ob ich zuerst ein Popstar oder Supermodell werde,

oder beides gleichzeitig. Möchtest du mein Manager sein? Bruno Banani … Ich meine, Roberto Romani. Du darfst alles mit mir machen, mach mich aber nur berühmt, mach aus mir einen Star, mach mich reich.

**Mann:**
Du bist durch und durch talentiert, Süße! Du siehst gut aus, du hast fas Zeug zum Star. Ich mach dich zum Popstar, das mit dem Poppen beherrscht du schon sehr gut. Du bist ein Naturtalent.

### Bild 5 Szene 1

*Peter Schlaumann liegt schlafend in seinem Bett, es ist nachts. Ein lautes Klopfen reißt ihn aus dem Schlaf, zumindest glaubt er dies. Er steht auf und geht in die Richtung der Tür, von der er meint, dass es an ihr klopft. Peter Schlaumann öffnet die Tür. Ein helles Licht leuchtet ihn an, und er bekommt Angst, weil eine Stimme aus dem Licht mit ihm redet.*

**Peter:**
Oh Gott, was ist das? Träume ich?
**Stimme:**
Du hast dein Leben lang geträumt.
**Peter:**
Oh Gott, bin ich etwa tot?
**Stimme:**
Nein. Du stirbst nur.
**Peter:**
Nur?! Aber ich habe doch immer gut gelebt, um mein Leben zu verlängern, um den Sinn im Leben zu sehen.

**Stimme:**

Hättest du dein Leben vertieft, hätte sich dein Wunsch erfüllt, indem du den Sinn des Lebens erfahren hättest.

**Peter:**

Was passiert mit mir?

**Stimme:**

Du hast gerade einen Herzinfarkt.

**Peter:**

Einen Herzinfarkt? Deswegen der Druck auf dem Herzen. Aber ich lebe gerne.

**Stimme:**

Es kommt nicht darauf an, wie lange wir leben. Es kommt darauf an, dass unser Leben den rechten Inhalt hat.

**Peter:**

Aber ich bin doch glücklich.

**Stimme:**

Es kommt nicht darauf an, glücklich zu sein, sondern andere glücklich zu machen.

**Peter:**

Ich stehe mitten im Leben. Ich habe viel zu Tun.

**Stimme:**

Ich weiß, Peter. Es kommt nicht darauf an, wie viel wir tun, sondern was und warum wir es tun.

**Peter:**

„Ich weiß", Was heißt? „Ich weiß?

**Stimme:**

Ich weiß alles.

**Peter:**

Weißt du wirklich alles? Auch wie die Aktienkurse steigen?

**Stimme:**
Ja, alles.
**Peter:**
Bist du Gott? … Ich meine, sind Sie Gott? … Nein, ich meine, sind Sie der liebe Gott? Entschuldigung, ich meine, sind Sie der liebe Herr Herrgott? (*Förmlich, höflich*).
**Stimme:**
Nein, ich bin nicht Gott.
**Peter:**
Aber wer bist du dann?
**Stimme:**
Ich bin dein stiller Begleiter.
**Peter:**
Mein stiller Begleiter?
**Stimme:**
Ja.
**Peter:**
Und warum bist du still?
**Stimme:**
Weil du dir nie Zeit genommen hast, Zeit, um mich zu hören.
**Peter:**
Dann hättest du ganz einfach lauter sprechen sollen, wenn du mir etwas zu sagen hattest.
**Stimme:**
Nein! Du hättest etwas leiser sein sollen. Du hättest ein wenig in dich hinein hören und in dich hinein sehen sollen, nicht ständig in die laute Außenwelt hören und schauen sollen.
**Peter:**
Aber, wie du sagst, auch die Welt war laut.

**Stimme:**
Im Schweigen liegt die Stille, in der du mich gehört hättest, wenn du wolltest.

**Peter:**
Aber ... ich habe doch nichts zu befürchten? Oder?

**Stimme:**
Du fürchtest dich!

**Peter:**
Nein! ... ich meine, ja, ich fürchte mich!

**Stimme:**
Das, was du gewesen bist, das fühlst du nun.

**Peter:**
Aber ich bin doch Jurist gewesen ...

**Stimme:**
Es kommt nicht darauf an, was wir sind, sondern wie wir sind.

**Peter:**
... zumindest bin ich ein halber Jurist. Sozusagen ein Mann des Gesetzes. Ein gottgefälliger Mann, sozusagen. Der Pfarrer wacht über die 10 göttlichen Gebote und der Jurist über die 10 Tausend weltlichen Gesetze.

**Stimme:**
Und über die weltlichen Gelüste.

**Peter:**
Aber?! ... Ich kenne alle Paragrafen und habe sie strikt eingehalten.

**Stimme:**
Du hast also alles, dessen du dir bewusst bist, eingehalten?

**Peter:**
Ja, das habe ich. Zum Beispiel § 211 Strafgesetzbuch „Der Mörder wird mit lebenslanger Freiheitsstrafe

bestraft" oder § 212 „Wer einen Menschen tötet, ohne Mörder zu sein, wird als Totschläger nicht unter 5 Jahren bestraft". Ich habe noch nie jemanden getötet, wie es im 5. Gebot in der Bibel steht „Du sollst nicht töten"

**Stimme:**
Wohl wahr, so steht es geschrieben. Aber was ist mit den Menschen, die den Freitod wählten, weil sie ihre Arbeitsstelle durch deine Gier verloren haben? Wer trägt an deren Tod die Verantwortung? Wer raubte ihnen ihre Würde? Wer redete immer von Würde?

**Peter:**
Aber … ich … Ich habe aber noch nie gestohlen, wie es das 7. Gebot vorsieht. § 242 Strafgesetzbuch „Wer stiehlt, bekommt bis 5 Jahre aufgebrummt.

**Stimme:**
Aber alles was du gewonnen hast, hat jemand anderes verloren. Du hast das wohlwissentlich unternommen.

**Peter:**
Aber das zählt doch nicht. Ich war doch nur besser, und der Bessere gewinnt.

**Stimme:**
Besagt das 8. Gebot nicht: Du sollst nicht falsch Zeugnis reden?

**Peter:**
Oh, das weiß ich nicht.

**Stimme:**
Dir dürfte es dann wohl als § 177 und 186 als Verleumdung und üble Nachrede geläufig sein.

**Peter:**
Ja genau, du bist gut. Das habe ich alles nicht getan.

**Stimme:**
Und was war mit den Falschmeldungen über Firmen-
konkurse, damit die Aktienkurse fallen und du sie für
wenig Geld einkaufen konntest? Was war mit den üblen
Nachreden deinen Freunden und Mitmenschen gegenüber?

**Peter:**
Ja aber … Sonst war ich doch immer gut.

**Stimme:**
Gut zum Eigennutz. War dein Begehren nicht immer das
Hab und Gut deines Nächsten?

**Peter:**
Aber ich habe doch immer zu Weihnachten Geld für
wohltätige Zwecke gespendet.

**Stimme:**
Du warst wohl tätig zum eigenen Wohl. War nicht der
Eigennutz dein Antrieb? Hast du nicht gespendet, um für
dich Werbung zu machen und es als Werbekosten beim
Finanzamt abzusetzen, um deinen Gewinn zu erhöhen?
Es war nie ein mildtätiger Gedanke, der aus dem Herzen
kam.

**Peter:**
Ja aber … Das Finanzamt. Bei meiner Steuererklärung
war ich immer ganz, ganz ehrlich.

**Stimme:**
Das stimmt. Du warst immer ganz ehrlich, wenn es
darum ging, deine Kosten anzugeben! Wie war es aber
mit den Einnahmen, warst du da auch so ehrlich?

**Peter:**
Nein, aber der Staat hat doch genug Geld.

**Stimme:**

Der Staat sind deine Mitmenschen, die du betrogen hast, um selbst mehr zu besitzen.

**Peter:**

Ja, aber das machen doch alle.

**Stimme:**

Was alle machen, muss nicht alles gut sein.

**Peter:**

Ja aber … sagt Gott nicht mit seinem 1. Gebot: Du sollst keine anderen Götter neben mir haben.

**Stimme:**

So steht es geschrieben.

**Peter:**

Na also, siehst du? Und das hatte ich nie, ich hatte nie einen anderen Gott neben mir.

**Stimme:**

Das ist richtig. Du hattest weder einen Gott neben dir, noch in dir, noch über dir. Du hattest nur dein Geld. Dein Geld war dein Gott. Es war das Einzige, an das du glaubtest und das du liebtest. Du hast dein Geld nie besessen sondern du warst von deinem Geld besessen.

**Peter:**

Naja, ich habe nicht nur mein Geld geliebt.

**Stimme:**

Was hast du denn alles geliebt?

**Peter:**

Ich habe das Leben geliebt … naja, ich habe meine Frau geliebt, und sie hat auch mich geliebt … naja, gut, ich habe auch mein Geld geliebt. Es war aber auch hart verdient.

**Stimme:**

Hast du dir jemals die Zeit genommen, am Winterende, in der Zeit, in der der Frühling erwacht, einen Krokus zu beobachten, wie er den gefrorenen Boden durchbricht?

**Peter:**

Nein! Zeit ist Geld! Die Zeit hatte ich nicht, ich musste doch arbeiten.

**Stimme:**

Du redest also viel von Liebe und kennst sie nicht, weil du nie Zeit für sie hattest. Wenn du über die Liebe redest, dann sind deine Worte ohne Leben, sie sind leere Hülsen. Ein Feld aus Stroh, das keinen Inhalt besitzt.

**Peter:**

Was hat denn die Liebe mit einer Blume gemeinsam, die den gefrorenen Boden durchbricht? Ich verstehe das nicht.

**Stimme:**

Du hast vieles in deinem Leben nicht verstanden.

**Peter:**

Aber die Liebe habe ich verstanden. Ich habe in meinem geliebten Leben viele Frauen besessen.

**Stimme:**

Hättest du dir die Zeit genommen, die Blume zu beobachten, so hättest du erkannt, welche Kraft, welche Stärke durch sie wirkt, die Blume so zart, so filigran, wie sie den harten, den gefrorenen Boden durchbricht. Die wahre Liebe ist jene Kraft, die durch sie wirkt. Die wahre Liebe ist jene Kraft, die alles wachsen und gedeihen lässt, alles, auch dich, die Kraft, die Leben schenkt, ohne jemals etwas zu fordern, denn die wahre Liebe gibt, ohne zu wollen, ohne zu fordern und ohne zu klagen.

**Peter:**
… Fordern … Klagen … Verklagen … Anklagen?!

**Stimme:**
… Du hast stets gefordert und erwartet. Das, was du Liebe nennst, hast du stets davon abhängig gemacht, was du zu erhältst.

**Peter:**
Was war es dann? Wenn es keine wahre Liebe war?

**Stimme:**
Es war nicht die wahre Liebe, es war eine Ware, die du Liebe nennst. Es war deine Angst!

**Peter:**
Angst?! Ich fürchte weder Gott noch Teufel!

**Stimme:**
Du fürchtest, das zu verlieren, was du besessen hat. Du fürchtest, deine Macht über andere Menschen zu verlieren, Menschen, die du besessen hat. Diese Macht nanntest du Liebe, sie war das Fundament für deine Selbstverliebtheit. Eine Selbstverliebtheit, die deine Existenz in einer großen Illusion ermöglichte. Eine Illusion, die dich zum Sklaven deines Selbst machte. Ein Sklave mit leeren inhaltslosen Worten, der sich nur an leere Dinge klammerte.

**Peter:**
Ja, aber …

**Stimme:**
… Du hattest dir immer viele Gedanken gemacht, mehr zu besitzen, mehr Menschen, mehr Macht, mehr Geld, du hast dich daran geklammert. Aber niemals hast du darüber nachgedacht, dass du alles wieder lassen musst.

**Peter:**
Ja aber …

**Stimme:**
… Durch dein zwanghaftes Haften konntest du nie über dein ICH hinauswachsen.

**Peter:**
Hier muss ich dir widersprechen. Ganz klein habe ich angefangen. Ich bin gewachsen, ich bin reich geworden, und nach oben hinaus, da hatte ich noch viel vor … endlos wachsen …

**Stimme:**
… Das war deine Suche nach Glück, die Suche auf der Oberfläche, der Antrieb deines Egos, um dich selbst zu bestätigen. Über dein ICH hättest du hinauswachsen können, wenn du es losgelassen hättest. So hättest du wahres Glück aus der Tiefe kennengelernt sowie die Bestätigung aus deinem Inneren durch die Bindung an Werte, die über dem Menschen stehen. So hättest du dich gefunden in der Ganzheit des Menschseins.

**Peter:**
Ja aber, wie hätte das funktioniert? Ich war stets eine Autorität!

**Stimme:**
Die wichtigste Grundlage für echte Autorität, nicht jene, die aus Furcht entstand, ist die charakterliche Bindung an höhere menschlich Werte. Das nennt man menschliche Anständigkeit, in schlichter Weise die tätige Liebe gegenüber allen Lebewesen. Sich im Dienste der Anderen sehen, nicht nur an die eigenen Interessen, die eigenen Ziele und das eigene Geld denken …

**Peter:**
Ja aber, das sind doch die ohne Ehrgeiz, das sind doch die Schwachen …

**Stimme:**
Das ist die Liebe mit Bejahung zum Leben, ohne anzuhaften. Das ist die Freundlichkeit und Güte, die nicht gespielt ist, sondern aus der wahren Liebe geboren wurde, das ist niemals eine Schwäche …

**Peter:**
Ja aber, was ist es dann?

**Stimme:**
Es ist die seelische Überlegenheit, die wahre Größe eines Menschen …

**Peter:**
Ja aber, …

**Stimme:**
… Dein Leben lang hast du gesprochen, nun ist nicht mehr deine Zeit, um zu sprechen. Nun ist deine Zeit des Schweigens, deine Zeit, um mich zu hören.

*Peter Schlaumann will weiter sprechen. Es bewegt sich aber nur noch lautlos sein Mund, kein Ton verlässt seine Lippen, trotz aller Mühe.*

**Stimme:**
Du hast dich stets um die kalkulierten Ergebnisse gekümmert, doch niemals hast du dich um die Ergebnisse deiner Handlungen gekümmert, um die Kraft, die unsichtbar hinter der Handlung steckt jedoch sichtbar ihre Wirkung hinterlässt. Die geringste Menge Gift kann töten und der kleinste Samen zum größten Baum wachsen. Du hast gerne deine negativen Handlungen übersehen, weil sie für dich klein und unbedeutend waren. Doch auch der kleinste Funken kann das größte Feuer ausrichten. Du hast nie aus reinem Herzen Freude gespendet und hattest niemals Mitgefühl mit anderen

Wesen. Alle Freude, die in der Welt liegt, ist eine Frucht, deren Samen der Wunsch war, andere glücklich zu machen.

Alles Leid, das in der Welt liegt, ist eine Frucht, deren Samen der Wunsch war, sich alleine glücklich zu machen. Dein Leben war wie der Widerhall von Musik, ein Widerhall, der selbst keine Melodie besitzt. Dein Leben war ein Traum, eine wahrnehmbare Illusion ohne Essenz.

Selbst wenn du über deinen Geist gesprochen hast, dann redetest du über Gedanken und Emotionen, nur über Produkte deines Gehirns. Du hattest nie Einsicht, mein Freund, denn die Einsicht kommt von nach innen zu sehen, sich selbst zu betrachten und kritisch zu überdenken. Die Gesellschaft hat dich gelehrt, nach außen zu blicken und zu bewerten. Die Innenschau und Demut blieb dir unbekannt. Deine Blicke in die Außenwelt glitten stets über die Oberfläche der Dinge. Der für dich unbekannte Blick in das Innere war der Blick in ungeahnte Tiefen. Dein Leben war ein Geschenk, man hat es dir in die offenen Hände gelegt, damit du es besitzt, ohne zu greifen. Doch du hast dich daran geklammert. Fühle ihn nach den Schmerz, den Schmerz, den du empfunden hast, als du das Geld an der Börse verloren hast, weil du dich daran geklammert hast. Fühle den Schmerz nach, den du empfunden hast, als bei deinen Geschäften weniger Profit das Ergebnis war als geplant. Dieses Leiden, mein Freund, sollte dich lehren loszulassen und dich nicht an den Besitz zu klammern. Das gierige Anhaften ist kein natürlicher Zustand, sondern nur das nackte Sein. Nun, wo der Zustand des Todes dämmert, sollst du alles Greifen, Sehnen und

Haften aufgeben. Es ist die Zeit für dich, nicht abgelenkt in das klare Gewahrsein zu treten. Schleudere dein Bewusstsein in das ungeborene Sein. Nun, da du diesen aus Fleisch und Blut zusammengefügten Körper verlässt, betrachte ihn als Illusion und akzeptiere, dass sich alles Zusammengefügte auflöst, wenn der Geist den Körper verlässt.

**-ENDE-**

… oder einfach nur eine andere Art, die Welt zu sehen!"

*Weitere Werke*

*von*

*Michalis Avramidis*

**„Winterhagel,**
die Geschichte der Kleinen Marie, Erinnerungen
einer alten Dame"
*Ein philosophischer Roman*         ISBN 9783839123249

**„Musiktheater Winterhagel-** Wer ist der gute Täter?
Wer ist der böse Täter? Wer ist das gute Opfer? Wer
ist das böse Opfer?"
*Eine Tragödie mit Musik von M. Avramidis, S. Bothur,*
*J .S. Bach*         ISBN 9783837071092

**„Das Leben des sündigen Poeten, das Sterben des
Edelmannes**         ISBN 9783839169629
*Ein Drama mit Musik von Ludwig van Beethoven*

**„Der Kirschbaum und der Holzfäller"** ISBN 9783842364288
*Ein Märchenspiel:Kindern erzählt man Märchen, damit sie ein-*
*schlafen, Erwachsenen erzählt man Märchen, damit sie aufwachen.*

**„Denken ist sprechen mit sich selbst, Dichten ist
fühlen mit der Welt."**
*Eine lyrische Anthologie*

**„Schattenwelt"** *Per aspera ad astra*
*Ein Roman*

Concordia domi, foris pax

103